Mettez de l'action dans votre couple

Catalogage avant publication de la Bibliothèque nationale du Canada

Maurice, Albertine

    Mettez de l'action dans votre couple

    1. Couples. 2. Relations entre hommes et femmes.
    I. Maurice, Christophe. II. Titre.

HQ801.M38 2004   306.7   C2003-942042-6

DISTRIBUTEURS EXCLUSIFS :

- Pour le Canada
  et les États-Unis :
  MESSAGERIES ADP*
  955, rue Amherst
  Montréal, Québec
  H2L 3K4
  Tél. : (514) 523-1182
  Télécopieur : (514) 939-0406
  * Filiale de Sogides ltée

- Pour la France et les autres pays :
  INTERFORUM
  Immeuble Paryseine, 3, Allée de la Seine
  94854 Ivry Cedex
  Tél. : 01 49 59 11 89/91
  Télécopieur : 01 49 59 11 96
  Commandes : Tél. : 02 38 32 71 00
                   Télécopieur : 02 38 32 71 28

- Pour la Suisse :
  INTERFORUM SUISSE
  Case postale 69 - 1701 Fribourg - Suisse
  Tél. : (41-26) 460-80-60
  Télécopieur : (41-26) 460-80-68
  Internet : www.havas.ch
  Email : office@havas.ch
  DISTRIBUTION : OLF SA
  Z.I. 3, Corminbœuf
  Case postale 1061
  CH-1701 FRIBOURG
  Commandes : Tél. : (41-26) 467-53-33
                   Télécopieur : (41-26) 467-54-66
                   Email : commande@ofl.ch

- Pour la Belgique et le Luxembourg :
  INTERFORUM BENELUX
  Boulevard de l'Europe 117
  B-1301 Wavre
  Tél. : (010) 42-03-20
  Télécopieur : (010) 41-20-24
  http://www.vups.be
  Email : info@vups.be

Pour en savoir davantage sur nos publications,
visitez notre site : **www.edhomme.com**
Autres sites à visiter : www.edjour.com • www.edtypo.com
www.edvlb.com • www.edhexagone.com • www.edutilis.com

Gouvernement du Québec – Programme de crédit d'impôt pour l'édition de livres – Gestion SODEC – www.sodec.gouv.qc.ca

Dépôt légal : 1er trimestre 2004
Bibliothèque nationale du Québec

ISBN 2-7619-1890-8

L'Éditeur bénéficie du soutien de la Société de développement des entreprises culturelles du Québec pour son programme d'édition.

Nous reconnaissons l'aide financière du gouvernement du Canada par l'entremise du Programme d'aide au développement de l'industrie de l'édition (PADIÉ) pour nos activités d'édition.

Albertine
et Christophe Maurice

Mettez de l'action dans votre couple

101 idées pour sortir de la routine

Pour Elsa, Nina et Félix

Introduction

Le couple est la dernière grande aventure
du monde moderne.
ANDRÉ MALRAUX

Nous vivons maritalement depuis près d'un quart de siècle. Et comme tout le monde, il nous est arrivé, l'un et l'autre, de négliger ou de malmener notre couple, parfois parce que c'était un passage utile et nécessaire, souvent aussi par négligence, par obstination ou parce que nous ne savions pas prendre soin de notre histoire d'amour. Comme des spectateurs au théâtre, nous attendions que le bonheur descende des cintres, nous n'allions pas à sa rencontre. Et, curieusement, nous avions toujours une bonne raison pour persister dans ce comportement !

Nous avons décidé de passer à l'action le jour où nous avons pris conscience que notre relation avait besoin d'un peu de temps, de douceur et de sollicitude, faute de quoi elle périrait desséchée, comme une plante au milieu du désert. Ni l'un ni l'autre ne souhaitions une chose pareille.

« C'est le temps que tu as passé pour ta rose qui fait ta rose si importante. » Pour faire écho à cette métaphore d'Antoine de Saint-Exupéry, nous avons inventé puis expérimenté nos premiers jeux relationnels ! Ce livre est aujourd'hui le fruit de notre travail. Vous y trouverez des manières de faire, des stratégies et des pistes parfois poétiques, parfois ludiques destinées à entretenir la flamme dans votre vie de couple.

Devenir acteurs de notre vie commune

Les spécialistes des sciences humaines, souvent appelées à juste titre les « sciences molles », nous expliquent qu'en leur matière, les choses sont complexes, que chaque individu est original, chaque situation singulière et que les recettes n'existent pas. Mais nous trouvons dommage de nous dispenser de cette question essentielle pour le couple : « Que faut-il que nous fassions, ici et maintenant, avec cet homme ou avec cette femme dont nous partageons l'existence, pour qu'avec le temps, nous ayons le sentiment de grandir ensemble, de nous transfigurer l'un l'autre ? »

Quand quelque chose ne fonctionne pas dans notre couple, nous jouons au ping-pong verbal, nous ressortons de nos tiroirs mentaux nos vieux scénarios, si rassurants, tellement inefficaces… En agissant de cette manière, nous négligeons les actions concrètes, les gestes et les comportements simples qui nous permettraient de vraiment changer lorsque cela est nécessaire, de devenir acteurs de notre vie commune, de mieux nous connaître et d'explorer de nouvelles voies quand ce que nous faisons ne fonctionne pas. En effet, on apprend mieux en agissant. Parce que c'est là, véritablement, dans l'action, que se situe la vraie magie de l'existence. Le fait d'agir nous tranquillise et nous permet d'éprouver notre sentiment de force, d'avoir une emprise sur le réel et d'aller, ensemble, dans le sens de la vie.

Pourquoi avons-nous donné une dimension ludique à ce livre ? Parce que nous avons la conviction que le jeu est l'un des meilleurs moyens qui soient pour prendre du recul sur soi-même et sur la personne qui partage notre vie. Nous croyons aussi qu'il peut nous permettre de nous approprier le bonheur ensemble.

Prendre garde aux constructions psychologiques

Très souvent, nous pensons que l'amour nous est donné une fois pour toutes et nous fermons les yeux sur tout ce qui peut contrarier cette vision des choses. Pourtant, tomber amoureux et être amoureux sont deux expériences fort différentes. La première tient du miracle, aux yeux des amants neufs – et les miracles ne sont heureusement pas si rares –, la seconde est un art.

Quand notre couple bat de l'aile et qu'il nous faut trouver une solution, nous dépensons une bonne part de notre énergie dans des activités sérieuses et raisonnables, mais rarement avantageuses pour nous. Passés maîtres dans l'art de remuer la vase pour essayer d'y voir plus clair, il nous semble plus efficace de chercher le «pourquoi des choses», plutôt que le «comment faire autrement». Sans doute est-ce pour cette raison que nous sacrifions notre créativité amoureuse sur l'autel des constructions psychologiques et autres dragons de même farine. Mais croyez-vous qu'il soit indispensable de connaître par le menu le fonctionnement d'un moteur à explosion pour faire une promenade en automobile?

Le fait est là : par souci de bien faire, nous étouffons notre imagination et nos émotions pour nous livrer à un exercice rationnel souvent néfaste qui nous rend spectateurs de nous-mêmes et nous conduit à la procrastination, cette tendance qui consiste à toujours tout remettre au lendemain.

La conscience intellectuelle de notre couple, de ses influences, de ses difficultés, peut susciter notre inquiétude et elle n'est, de toute façon, pas suffisante pour prendre le taureau par les cornes et amorcer un véritable changement dans notre relation amoureuse. Encore une fois, l'issue est dans l'action et le jeu. Nous espérons que ce livre est une clé !

Faire appel à notre génie intérieur

Nous avons tendance à croire qu'une même cause produit toujours le même effet et qu'il existe une réponse scientifique, rationnelle, médicale à notre problème ou à notre souffrance. Une seule réponse, une bonne réponse. Alors, nous consultons des conseillers, des thérapeutes et sexologues qui, même s'ils s'en défendent, nous apportent souvent leur propre réponse. Cela est inévitable. Leur médiation est bénéfique pour éviter l'agonie du couple, mais cela n'est souvent qu'une partie de la solution. Selon nous, c'est avant tout notre génie intérieur réciproque qui peut, en fin de compte, nous permettre de franchir la muraille que nous avons nous-mêmes édifiée.

Résoudre le dilemme des porcs-épics

Le philosophe allemand Arthur Schopenhauer est l'inventeur de cette parabole bestiale! Égarés dans une contrée glaciale, deux porcs-épics, qui vivent d'ordinaire dans les pays chauds, se pressent l'un contre l'autre pour se protéger mutuellement du gel et partager un peu de tiédeur. Mais, leur physique ne manquant pas de piquants, ils sont rapidement contraints de se séparer pour éviter de s'embrocher l'un l'autre… Jusqu'à ce que la froidure les oblige à se rapprocher de nouveau. Le jeu de yo-yo continue de la sorte, les animaux se trouvant ballottés entre le plaisir de la chaleur de l'autre et la souffrance provoquée par sa proximité.

La mésaventure des porcs-épics évoque le dilemme auquel nous devons souvent faire face dans notre relation de couple. Au début, le froid intense que nous ressentons nous rend complètement névrotiques et nous nous laissons transpercer par les piquants de l'autre avec une rare délectation.

Par la suite, nous parvenons à mieux supporter la température extérieure et les épines de notre congénère deviennent plus douloureuses – ce qui est sûrement sa faute! Parfois même, la simple vue de l'autre nous horripile. Il ne pique plus notre curiosité, ne suscite plus notre admiration. Notre passion s'aigrit. Tous les deux, avec nos aiguilles, nous ne faisons plus qu'une chose: nous injecter des anesthésiques.

Finalement, le Prince Charmant et la Femme Parfaite tirent un trait sur leurs illusions et la paresse et l'indolence s'installent: le désir, l'amour, le bonheur ne sont pas des lots que l'on extrait d'une malle plus ou moins bien garnie, mais des objets qui se construisent, se nourrissent, s'élèvent et nous font grandir. Cela n'est possible qu'à condition d'inventer une histoire consistante, d'instaurer des rituels et une communication de qualité entre les membres du couple.

Raccrocher l'homme des cavernes

Le couple est sans doute le lieu où nous communiquons de la manière la plus archaïque qui soit. Si, dans notre milieu social ou professionnel, nous savons en général nous conduire de manière civilisée, faire preuve de courtoisie, nous exprimer en respectant certaines règles d'échange, la communication dans notre couple est souvent beaucoup plus «rustique», pour employer un euphémisme. Certes, au début de la relation, notre partenaire nous inspirait le respect, suscitait notre admiration. Nous prenions garde de ne pas le froisser, nous pesions nos mots sur de petites balances en bois de rose. Mais, sans abuser des généralisations, il semble qu'avec le temps, parfois court, nous fassions de moins en moins preuve de vigilance et que nous

nous autorisions certaines libertés, dans notre langage et dans nos comportements, qui nous conduisent à friser l'impolitesse, quand nous ne devenons pas carrément grossiers. Ce livre est aussi destiné à renverser la vapeur : l'amour véritable s'accommode rarement de la brutalité et de la vulgarité.

Respecter toutes les différences

Ce n'est une nouvelle pour personne : les femmes et les hommes présentent quelques différences physiques et biologiques. Mais, depuis la nuit des temps, la culture et les critères d'éducation accentuent leurs particularités respectives en leur assignant des rôles, des attitudes et des comportements distincts. Et cela, dès l'enfance.

Cette logique binaire façonne le développement de notre identité et nous incline à être en conformité avec notre sexe. Selon que l'on est homme ou femme, l'utilisation que nous faisons du langage, les comportements que nous adoptons, le mode d'expression de nos émotions et nos attitudes sexuelles doivent être différents. D'ailleurs, si l'on en croit les nombreuses études réalisées dans ce domaine, les hommes seraient plus agressifs que les femmes, tandis que les femmes seraient plus empathiques et plus sensibles à la communication non verbale que les hommes.

Cela étant dit, il ne faudrait pas non plus exagérer ce clivage symétrique entre les hommes et les femmes : leurs points de similitude sont tous de même plus nombreux que leurs différences. Un homme ressemble davantage à une femme qu'un éléphant à une girafe. Et nous ne voyons pas pourquoi les rôles classiques du guerrier et de la séductrice ne pourraient pas être intervertis. Du reste, chacun sait qu'aux premiers jours de notre existence nous sommes indifférenciés et que par la suite, on retrouve un «peu de genre masculin» chez la femme et un «peu de genre féminin» chez l'homme. Le yin et le yang chinois expriment d'ailleurs bien ce dualisme universel.

Les livres qui soulignent les disparités entre les attitudes et les comportements masculins et féminins ont aujourd'hui beaucoup de succès. Certains avancent même la métaphore selon laquelle hommes et femmes seraient issus de deux planètes différentes ! Pour notre part, nous pensons que «l'intelligence de l'autre» passe par le respect de toutes les différences, de toutes les singularités et que les individus sont largement au-delà des étiquettes, y compris sexuelles, qui prétendent les décrire ou les catégoriser. C'est la raison pour laquelle nous n'attribuons pas, dans nos jeux, de rôle ni de tâche spécifique à l'homme ou à la femme. Chaque couple procédera selon ses désirs.

Être ensemble

Quelle qu'en soit sa nature, le couple est aujourd'hui, dans nos sociétés très individualistes, un sujet de préoccupation essentiel. C'est sans doute parce qu'il préfigure l'une des dernières citadelles où brille encore une belle humanité. Vivre ensemble nous permet de répondre aux plus profondes angoisses humaines – l'abandon et la solitude –, de regarder l'avenir avec optimisme, d'évoluer, de faire preuve d'imagination et de transparence personnelle sans craindre d'être mis en danger, d'aller vers les autres, bref d'avoir confiance dans la vie.

Joie d'offrir, plaisir de recevoir, douceur de se sentir exister pour quelqu'un ; attention toutefois à ne pas faire de cette citadelle un bunker. La tendance actuelle au cocooning semble aller plutôt vers une forme d'amour dans laquelle le couple se coupe de son environnement qui est perçu comme un danger. Selon nous, le couple est une passerelle qui mène vers le monde et non un couloir de cave à peine éclairé par une maigre ampoule.

Débrancher la photocopieuse

Nous sommes un tout. La façon dont nous vivons notre couple rejaillit sur notre sphère sociale et professionnelle. Il suffit pour nous en convaincre d'observer les gens autour de nous : ceux qui ne bénéficient pas d'une vie amoureuse harmonieuse et constructive sont assez reconnaissables. Ils ont l'air tristes, désœuvrés, mal dans leur peau et ils éprouvent souvent des difficultés à communiquer avec les autres. Ils oscillent entre la colère et l'ennui et trouvent parfois refuge dans la maladie. Leur vie de couple ressemble à un long chemin de croix et ils semblent pris dans un mouvement perpétuel qui les conduit à se comporter toujours plus de la même manière, même si cela n'aboutit à rien de positif pour eux.

Ils sont victimes du «syndrome de la photocopieuse». Avec son corollaire : il est inutile de multiplier les copies : si l'on ne change pas l'original, on obtiendra toujours le même résultat.

Mais nous voudrions quand même vous convaincre d'une chose: tout phénomène peut appeler son contraire. Il n'y a pas de fatalité et nous n'avons pas besoin de compétences particulières pour trouver des variantes positives à nos échecs passés. Le tort que nous nous faisons n'est imputable à personne d'autre qu'à nous-mêmes et nous avons tous les pouvoirs pour changer notre vie. Faites en sorte d'inscrire cela dans votre pensée: si la relation de couple peut abîmer, déchirer les partenaires, il n'y a aucune raison pour qu'elle ne puisse pas non plus les enrichir et les rendre lumineux aux yeux du monde.

Êtes-vous prêts à donner un nouveau sens à votre vie amoureuse? Êtes-vous prêts à transformer votre couple en un véritable lieu d'invention, de poésie, de rencontre et de coéducation? Inutile de vous le cacher: nous avons la certitude que vous disposez de la force psychique nécessaire pour développer pleinement votre aptitude à l'amour. Si tel est réellement votre objectif!

Mode d'emploi

Lecture

Vous pouvez lire ce livre d'abord séparément, de façon linéaire, pour percevoir l'esprit de notre démarche et vous familiariser avec les exercices et les jeux que nous vous proposons, puis ensemble, pour vous préparer à l'action ! «Consommez» librement les chapitres de cet ouvrage : de l'entrée au dessert en passant par les plats de résistance. Ou bien laissez-vous guider par l'humeur ou les choix du moment, comme si vous étiez devant un buffet. Vous pouvez, bien entendu, reprendre les jeux autant de fois qu'il vous plaira. Nous ne voyons pas pour quelle raison obscure nous ne devrions goûter qu'une fois d'un mets qui nous ravit… Surtout si les chefs s'améliorent !

Rythme

Nous n'indiquons aucune fréquence pour les activités parce qu'il n'est pas nécessaire de les pratiquer de façon régulière pour obtenir des résultats. Le but n'est pas d'agir sous le mode de la contrainte, mais avec la volonté d'amorcer une évolution amoureuse pour accéder au bonheur du couple. Mais, naturellement, si vous restez les bras croisés, sans faire le moindre effort, nous pouvons vous prédire qu'il ne se passera rien de bien nouveau pour vous.

Action

Pour certains exercices, vous agirez seul, chacun de votre côté, et vous pourrez assez rapidement mesurer les effets de votre action sur le climat relationnel du couple. Pour d'autres, vous procéderez ensemble, selon les indications que nous vous proposons. Cela nécessite de s'offrir du temps, d'être présents, disponibles l'un à l'autre, éveillés et à l'écoute, tous les deux, au même moment. Votre temps est précieux parce que chaque seconde de votre vie est un instant unique. Mais si vous voulez bien consacrer du temps à votre couple, nous vous promettons que vous ne le regretterez pas.

Nous n'avons aucune intention directive, nos propositions sont libres et purement formelles. Rien ne vous empêche d'y ajouter votre touche personnelle : sel, piment et aromates. Vous pourrez aussi, par la suite, inventer votre propre marche à suivre en fonction de votre inspiration.

Prétextes

Il existe de nombreuses excuses pour ne pas agir, remettre son bonheur à plus tard et poursuivre sa route amoureuse avec des béquilles. Nous vous livrons un bref inventaire des raisons que vous pourriez donner à votre partenaire pour continuer comme avant :

- Je n'ai pas le temps ;
- Ce n'est pas sérieux/raisonnable ;
- Ça n'a aucun intérêt ;
- Ça ne marchera pas ;
- Pour moi, l'amour, ce n'est pas ça ;
- Commence par mettre de l'ordre dans ta tête ;
- Il faudra qu'on en parle… ;
- Si tu achètes ce genre de livre, c'est que tu as un problème. Moi, ça va !
- Cela prouve une chose : que tu ne m'aimes pas ;
- Commence par changer toi-même, ensuite, je verrai ce que je peux faire.

Si vous vivez en couple depuis un certain temps, vous pourriez nous aider à allonger la liste de ces petites phrases assassines, en apparence anodines, dont nous abusons très souvent et qui nous empoisonnent la vie. Les activités que nous vous proposons dans ce livre nécessitent un peu d'honnêteté personnelle, beaucoup d'imagination, une bonne dose de générosité et une réelle envie d'apprendre ou de réapprendre l'amour.

Quoi qu'il en soit, si vous êtes sceptique, allergique au bonheur ou sujet à l'immobilisme, nous vous prions de ne pas utiliser ce livre comme alibi pour critiquer, humilier ou culpabiliser votre partenaire. Un peu d'entregent ne saurait nuire. Donnez-vous le temps nécessaire pour parcourir nos jeux et vous faire une idée sans vous arrêter à un préjugé négatif.

Je le savais déjà !

Une autre attitude consiste à dire « je le savais déjà », chaque fois que nous expérimentons d'autres comportements ou que nous explorons de nouvelles pistes amoureuses avec notre partenaire. Comme si les choses nous paraissaient, après coup, évidentes et que plus rien ne pouvait nous surprendre ou nous émerveiller. Il est naturellement facile d'annoncer ce qui vient de se produire ; mais au fond, que cache cette sensation que rien n'échappe à notre bon sens ?

La voie du jeu

Toutes les « premières fois » provoquent une inquiétude qui est légitime : nous ne sommes pas naturellement disposés à aller vers ce que nous ne connaissons pas, même si, au fond, nous percevons les avantages que nous pourrions en retirer. Souvenez-vous de vos premières expérimentations à bicyclette, de votre rentrée à la grande école, de votre premier baiser... Pour vous éviter toute tension nerveuse improductive, nous vous invitons à suivre les conseils suivants :

• Évitez l'un et l'autre de vous fixer des attentes déraisonnables.
  Vouloir obtenir un succès immédiat dès les premières expériences ou menacer de tout arrêter est une attitude d'enfant gâté qui ne vous conduira pas très loin. C'est en forgeant que l'on devient forgeron, pas en rachetant le musée de la forge !

• Acceptez de commettre des erreurs !
  Soyez doux avec votre partenaire, doux avec vous-même et arrêtez de dramatiser vos échecs : ce sont vos meilleurs alliés. Apprenez que tout est relatif.

- Pensez au plaisir de la première fois !
Toute nouvelle expérience amoureuse est riche d'émotions et possède une dimension magique : nous nous donnons la chance de faire quelque chose l'un pour l'autre et pour notre relation.

- Considérez votre vie commune avec humour !
Si, dans de nombreux domaines, le sérieux est un gage d'affirmation, de maturité, d'engagement, le couple, l'amour et la sexualité admettent avec bonheur une dimension plus ludique de la vie. Le rire, la drôlerie et la bonne humeur nous permettent d'évacuer notre stress et nos idées noires et de prendre du recul.

- Observez les enfants !
Un jeu est un jeu. Observez et imitez les enfants : dès qu'un jeu risque d'avoir des conséquences fâcheuses, de faire mal à votre partenaire, d'une manière ou d'une autre, dès qu'il devient fastidieux ou désagréable, arrêtez-le et passez à autre chose.

- Faites preuve de tendresse et de gentillesse !
Nous sommes très souvent surpris de constater que ces deux mots, autant que les attitudes et les actions qu'ils suggèrent, provoquent des remarques amusées quand ce ne sont pas des sourires moqueurs. Pourquoi ne pas les réhabiliter ?

- Soyez confiants !
La plupart du temps, nous sommes culturellement portés à ne retenir que ce qui va mal, à voir le verre à moitié vide plutôt qu'à moitié plein, à ne remarquer que nos disgrâces et notre incompétence. Nous ne voyons pas ce qu'il y a de beau, de brillant, d'aimable dans notre personne. Cette attitude entame notre confiance en nous et provoque, par ricochet, notre peur de l'autre. Nous pouvons nous reprogrammer pour voir les choses autrement, car notre potentiel est largement supérieur à ce que nous pouvons imaginer, ça c'est une chose sûre !

- Agissez au lieu de réagir !

Les processus primaires qui nous pilotent lorsque nous sommes en colère, que nous avons peur ou que nous nous sentons en danger nous poussent à nous conduire comme le taureau dans l'arène : nous fonçons tête baissée vers le signal qui a provoqué notre émotion sans prendre la distance qui nous permettrait de ne pas confondre l'arbre avec la forêt. Acteurs de notre vie amoureuse, nous gagnerons à couper nos réacteurs avant qu'ils nous pulvérisent !

Le cadre

L'absence de règles est aussi préjudiciable que l'excès de rigidité. Nous vous proposons les quelques principes suivants pour que les choses soient parfaitement claires entre vous :

- Acceptez de jouer le jeu.
- Faites preuve d'authenticité.
- Soyez patient. Respectez le refus ou l'indisponibilité de votre partenaire.
- Cessez d'infliger des punitions à l'autre quand vous n'allez pas bien.
- Refusez de subir ou de faire subir à votre partenaire une mise à l'épreuve ou des représailles.
- Reconnaissez à votre compagne ou à votre compagnon : le droit à l'amour, le droit de se sentir en sécurité avec vous, le droit d'être votre égal et le droit de s'épanouir à vos côtés.
- Interdisez-vous toute forme de jugement ou de condamnation.

Note

Pour éviter de surcharger le texte, nous avons rédigé l'intégralité de cet ouvrage à la forme masculine. Le « il » désigne donc l'être, l'autre, l'individu – homme ou femme – avec lequel nous vivons.

POSER SES VALISES

Nous sommes trois, dans notre couple : toi, moi, complices peut-être, différents, sans aucun doute, chacun avec son histoire, son éducation, sa culture familiale, ses valeurs et, troisième paramètre dont il faut tenir compte : notre union, plus ou moins étroite, du simple contact à la fusion dévorante. Aimer, c'est s'aimer soi-même, aimer l'autre et aimer l'histoire et l'univers que nous construisons ensemble… Sans perdre l'équilibre !

Nous allons vous demander, dans ce premier volet, de poser vos valises relationnelles et de faire le point sur votre aventure, en toute sincérité, sans vous bercer de concepts creux et en évitant de vous raconter des histoires. Êtes-vous prêts, l'un et l'autre, à comparer sereinement ce que vous avez vécu et ressenti ?

Le film que vous avez commencé à tourner compte un nombre de bobines, proportionnel au temps de vie que vous avez passé ensemble, même si celui-ci est très bref. Certaines scènes sont bonnes. Vous pensez que d'autres gagneraient à être reprises différemment. Quelques bobines sont surexposées. D'autres ont bien mérité leur place dans les rayons de vos archives secrètes. Et peut-être vous reste-t-il encore des kilomètres de pellicule ! Mais avant de poursuivre la réalisation de votre scénario, nous vous proposons de vous livrer à une projection privée pour faire le tri de vos bobines !

Lumière ! | 1

Sur la liste suivante, chacun de votre côté, cochez chacune des phrases qu'il vous est arrivé de dire, de penser ou que vous pourriez prononcer de façon sérieuse.

- Il n'y a rien à faire pour éviter l'échec de l'amour.
- Un couple s'use, c'est tout !
- L'amour est une question de chance.
- Rien n'est plus facile que l'amour.
- Nul n'a rien à m'apprendre sur l'amour.
- Il est plus important d'être aimé que d'aimer.
- L'amour est un lieu de repos.
- La tendresse est un sentiment bien plus grand que l'amour.
- On doit pouvoir tout attendre de la personne avec qui l'on vit.
- S'aimer, c'est être totalement transparents l'un pour l'autre.

Comptez un point par phrase cochée. Additionnez vos points respectifs. Ensemble, vous avez obtenu moins de 10 points ?

Vous avez, nous semble-t-il, saisi une chose essentielle : l'amour est un jardin qui nécessite des soins. Vous avez la main verte et nous vous invitons à développer vos talents de jardinier en notre compagnie.

Vous avez obtenu 10 points ou plus de 10 points ?

Votre vision conjointe de l'amour et du couple semble se rapprocher des croyances habituelles selon lesquelles l'amour est une expérience simple, qui nécessite de bien tomber au départ et de se laisser porter ensuite. Soyons clairs : c'est une illusion romantique. Votre entreprise amoureuse nécessite une prise de conscience de votre part, du temps, de l'énergie, un investissement personnel et une discipline de vie.

Amusez-vous à comparer vos réponses et à les confronter calmement. Si vos résultats respectifs sont très différents, vous pourrez vous livrer à des échanges particulièrement formateurs.

2

Miroir,
mon beau miroir...

Notre capacité à aimer la personne avec qui nous partageons notre vie dépend très fortement de notre aptitude à nous aimer et à prendre soin de nous-même. Si nous ne sommes pas heureux de notre côté, il est douteux que l'autre puisse l'être en notre compagnie. Alors, voilà bien une question cruciale pour votre couple : vous aimez-vous vous-même ?

Faites cet exercice seul. Installez-vous confortablement devant un miroir et observez votre visage avec la plus grande attention. Restez longtemps devant votre reflet et apprenez à vous familiariser avec lui. Rien ne presse. Si vous ne disposez pas d'un laps de temps suffisant, remettez ce travail à plus tard.

Que voyez-vous ? Qui voyez-vous ? Vous, bien sûr, mais encore... Si vous deviez traduire ce qu'exprime votre visage avec des mots, des adjectifs, lesquels useriez-vous ?

Qu'est-ce qui vous séduit dans votre image ? Avez-vous le sentiment de vivre en paix avec vous-même, de prendre soin de votre personne, comme elle le mérite ?

Comment vous voyez-vous aujourd'hui ? Quels sentiments cette image provoque-t-elle dans votre esprit ? Quels besoins ressentez-vous pour être pleinement satisfait de votre vie, de votre amour ?

Maintenant, regardez-vous au fond des yeux, comme pour interroger votre part la plus intime et tentez de répondre avec précision à la question suivante : qu'avez-vous envie de vous demander à vous-même pour vous inspirer davantage de confiance et de respect ?

À présent, imaginez que vous êtes un tout jeune enfant. Souriez-vous avec bienveillance et quittez votre image avec le désir sincère de bien vous occuper de vous.

L'épreuve du miroir n'a rien de narcissique ni d'infantile. Ce n'est pas parce que l'on se porte une attention particulière pendant quelques minutes que l'on est névrosé. Et d'ailleurs, il ne fait aucun doute que si nous étions un peu plus doux et prévenant avec nous-même, sans doute pourrions-nous entretenir des rapports plus paisibles avec la vie et les autres.

3

Retouche photographique

Choisissez un portrait photographique de votre partenaire que vous trouvez particulièrement juste et concentrez-vous sur son visage. Qu'aimez-vous dans ses traits, dans son regard? Quelle émotion ce portrait suscite-t-il en vous? Évoque-t-il pour vous quelque chose de particulier? Vous revient-il en mémoire un souvenir agréable, une sensation, une lumière, un parfum qui sont associés à ce portrait? Laissez vous porter par cette évocation comme si vous faisiez un rêve éveillé. Prenez votre temps.

À présent, prenez un bloc de papier et répondez brièvement aux questions suivantes:

- Pour quelles raisons avez-vous été conduit à choisir de vivre avec cette personne, plutôt qu'avec une autre?
- Qu'aimiez-vous plus particulièrement en elle? Dans son physique? Dans son caractère? Dans sa façon d'être? Dans ses valeurs?
- Ces sentiments sont-ils toujours d'actualité aujourd'hui? Qu'est-ce qui vous permet d'affirmer cela?

Maintenant, découpez la photographie de la personne aimée pour ne conserver que son visage. Collez-le sur une feuille de papier de bonne qualité. Préparez une boîte de crayons de couleur, des encres, des feutres et laissez libre cours à votre imagination. Peu importe que vous estimiez avoir quelque talent ou non: habillez l'espace autour du visage de votre partenaire pour lui donner une nouvelle dimension. Abstrait ou figuratif? Lignes ou aplats ? Cela n'a aucune espèce d'importance. Faites ce que vous ressentez. Vous pouvez ajouter des mots, des symboles… L'essentiel est que vous soyez heureux du résultat obtenu.

Après l'exercice, présentez-vous mutuellement vos créations. Vous vous abstiendrez de toute analyse critique et de tout jugement négatif. Échangez avec bienveillance. C'est tout !

Te voir me voir... 4

La façon dont nous interprétons les attitudes de notre partenaire à notre égard est liée à l'idée que nous nous faisons du regard qu'il porte sur nous. L'une des difficultés réside dans le fait que son matériel cérébral, comme le nôtre d'ailleurs, est clos. Nous n'avons pas d'accès direct à ce qu'il pense et il n'existe aucun cordon de mise en réseau pour pallier cet isolement! La façon dont nous le «voyons nous voir» peut donc assez facilement relever de la construction mentale, de la prophétie ou du délire. Ces perceptions, même erronées, influencent de façon notoire la nature des échanges et le climat du couple. Pour faire le point, posez-vous, à tête reposée, les questions suivantes:

- Comment croyez-vous que l'autre vous voit?
- Sur quoi vous fondez-vous pour penser cela?
- Avez-vous de bonnes raisons pour affirmer cela?
- Votre analyse résiste-t-elle à l'épreuve du temps et de la réalité?

Réfléchissez aux trois principales visions négatives et aux trois principales visions positives que votre partenaire a sur vous, selon vos propres représentations. Notez-les noir sur blanc. Comparez ces réponses à celles que pourraient vous faire vos amis sur vous-même, en toute sincérité. Qu'est-ce que cela vous inspire?

5
La scène de
la rencontre

Vous souvenez-vous de la manière dont vous vous êtes l'un et l'autre déclaré votre flamme ? Lorsque vous disposerez d'une heure de tranquillité, pouvez-vous réfléchir à cette question ? Faites d'abord ce travail chacun de votre côté.

Où et quand était-ce ? Vous rappelez-vous certains détails précis du décor ? Faites un effort de mémoire… Quel temps faisait-il ? En quelle saison était-ce ? Comment étiez-vous habillés l'un et l'autre ? Y avait-il de la musique, un bruit, un parfum particulier dont vous avez souvenir ? Lequel d'entre vous a fait le premier pas ? Quels gestes avez-vous faits ? Qu'avez-vous ressenti personnellement ? Comment se sont manifestées vos émotions ? Que s'est-il passé ensuite ?

Notez vos réponses à ces questions sur une feuille de papier, avant d'échanger verbalement sur ce moment de votre vie. Ne vous inquiétez pas si vos souvenirs diffèrent ou décrivent des versions paradoxales de votre rencontre. Notre mémoire individuelle effectue un singulier travail de triage et de reconstruction du passé. Des décalages sont donc possibles, voire probables. Il n'y a pas de quoi se formaliser : aucun de vous deux n'a plus raison que l'autre !

À présent, sauriez-vous rejouer la scène de votre rencontre ?

Oui ? N'attendez pas pour passer à l'action et revivre ce temps fort de votre existence. Choisissez, avec le plus grand soin, le lieu, la date et l'heure de votre rendez-vous et mettez-vous sur votre trente et un pour l'occasion. Craintifs ? Soyez rassurés, cet exercice ne présente aucun danger. Il nécessite juste un brin d'audace. En manqueriez-vous ?

Lors de cette mise en scène, vos émotions seront naturellement un peu différentes de celles que vous avez pu garder en mémoire l'un et l'autre. Cela n'a pas d'importance. L'objectif de ce jeu est de rafraîchir votre désir et de vous faire expérimenter la possibilité de multiplier vos premières fois.

6 | *Portrait chinois*

Sans doute connaissez-vous le jeu du portrait chinois auquel s'adonnent les enfants. Il s'agit de compléter chacune des phrases suivantes par le nom qui vous semble le mieux représenter votre couple.

Faites cet exercice chacun de votre côté. Vous pourrez ensuite choisir de dialoguer avec votre partenaire à propos des choix que vous avez faits et partager vos réactions, en réfléchissant aux raisons qui vous ont poussé à donner telle ou telle réponse.

- Si votre couple était un métier, ce serait…
- Si votre couple était une maison, ce serait…
- Si votre couple était un instrument de musique, ce serait…
- Si votre couple était un outil, ce serait…
- Si votre couple était un arbre, ce serait…
- Si votre couple était une fleur, ce serait…
- Si votre couple était un animal, ce serait…
- Si votre couple était une couleur, ce serait…
- Si votre couple était une partie du corps, ce serait…
- Si votre couple était un véhicule, ce serait…

L'expression symbolique représente un bon support pour engager le dialogue avec douceur et complicité. Vous pouvez tout à fait aborder un sujet qui vous préoccupe au moyen d'images, d'allégories ou de métaphores sans avoir pour autant l'impression de fuir. Aborder un problème de façon brutale, en prétextant la rigueur ou le franc-parler, produit d'ailleurs souvent le contraire des effets escomptés.

Si vous avez obtenu plus de cinq fois la même chose sans vous consulter pendant la durée de l'exercice, cela signifie que vous avez des perceptions de votre couple très proches. Mais n'ayez aucune inquiétude si votre résultat est inférieur à cinq. Vos visions diffèrent. Et alors ?

7

L'effeuillage de la marguerite

Faites cet exercice séparément.

Tracez un cercle de cinq centimètres environ au centre d'une feuille blanche. Ce « cœur de marguerite » représente votre couple. À présent, vous allez disposer, en corolle, autour de ce cercle, des pétales de taille proportionnelle à l'importance que revêtent, pour vous, les éléments suivants qui se rapportent à votre couple. Dessinez des demi-cercles qui symboliseront :

- votre milieu professionnel ;
- vos amis ;
- votre famille (vos enfants et vous) ;
- vos parents ;
- vos relations sociales autres que professionnelles (vous pouvez représenter autant de pétales que de groupes concernés).

Accompagnez votre marguerite d'une légende explicative et rapprochez votre dessin de celui de votre partenaire. Sont-ils ressemblants ?

Les pétales sont-ils multiples, harmonieux ou disproportionnés ? Qu'est-ce que cela vous inspire à l'un et à l'autre ?

Vous voilà munis de précieux outils pour engager un dialogue pertinent sur les liens de votre couple avec le monde extérieur et les éventuelles incompatibilités qui pourraient en ressortir.

La conjugaison du verbe aimer

8

L'écrivain Jean Cocteau a écrit : « Le verbe aimer est l'un des plus difficiles à conjuguer : son passé n'est pas simple, son présent n'est qu'indicatif et son futur toujours conditionnel. » Que vous inspire cet aphorisme ?

Comment, ensemble, avez-vous manié la conjugaison de ce verbe par le passé et quels ont été vos besoins insatisfaits, à l'un et à l'autre ? Comment conjuguez-vous ce verbe aujourd'hui ? Avez-vous conscience d'avoir changé quelque chose à votre relation ? Comment envisagez-vous de le décliner demain, l'année prochaine, dans un an, cinq ans, dix ans et quels sont les comportements que vous souhaitez voir adopter par votre partenaire ? Voulez-vous lui formuler des demandes de changement et accepter qu'il fasse de même à votre intention ? Quels sont les projets qui vous tiennent à cœur et que vous envisagez de réaliser ensemble ?

Utilisez la formulation positive pour établir ce bilan à tête reposée. Cela signifie qu'il est préférable que vous évitiez, dans la mesure du possible, les tournures négatives qui sont plus destructrices que constructives. Votre partenaire appréciera de connaître vos souhaits. L'inventaire de vos insatisfactions risque en revanche de le laisser de marbre ou de le mettre en colère. Choisissez un moment favorable, par exemple lors d'un repas en tête à tête ou d'une promenade en forêt. D'une manière générale, il vaut mieux éviter les discussions entre deux portes ou lorsque le climat se gâte. Chacun reste sur ses positions et l'on finit par se disputer pour des réalités imaginaires.

9 | *À vos souhaits !*

Chacun de votre côté, prenez une fiche et répertoriez sept souhaits de changement que vous formulez pour votre couple. Rangez-les par ordre d'importance. Écrivez avec soin, à l'encre, au présent et de manière affirmative. Évitez les expressions du type (il faut, je dois, je ne peux pas) ; les quantificateurs universels (jamais, toujours, tout) et les jugements (c'est bien, c'est mal, ce n'est pas normal). Notez, par exemple « j'aimerais pouvoir me rapprocher de toi… », plutôt que « je ne supporte plus cette distance entre nous », ou encore « je vais faire de mon mieux pour maîtriser ma colère », plutôt que « il faudrait que tu cesses de toujours m'énerver afin que je garde le contrôle de moi-même ».

Lorsque vous aurez effectué ce travail, fixez un rendez-vous d'une heure environ, à votre partenaire, dans un endroit calme qui ne vous est familier ni à l'un ni à l'autre. Ce peut être, par exemple, dans une forêt, dans un jardin public ou une église. Passez ensuite au jeu décrit à la page qui suit.

10

Les voies de changement

Vous allez à présent négocier, ensemble, les voies de changement qui vous paraissent bénéfiques pour votre couple, en vous basant sur vos analyses et souhaits personnels. Une bonne négociation consiste à rechercher un accord, à partir de positions qui peuvent être contradictoires, en orientant la relation vers une satisfaction mutuelle des besoins. C'est ce que l'on appelle une stratégie gagnant-gagnant. Faites donc des choix qui vous satisfassent tous les deux. Guidez votre partenaire sans le manipuler. Aidez-le à relier ses émotions à ses besoins et à exprimer ses attentes, s'il éprouve des difficultés à le faire.

Établissez la liste des souhaits sur lesquels vous avez pu trouver un terrain d'entente. Ne vous fixez pas des objectifs impossibles à atteindre. Deux ou trois désirs communs constituent déjà un beau travail dont vous pouvez vous féliciter, car ils signifient que vous concluez une alliance pour bâtir une vie meilleure.

De votre plus belle écriture, établissez chacun une copie manuscrite de vos résolutions sur un petit morceau de papier de qualité. Pliez soigneusement ce document et remettez-le à l'autre. Chacun conservera cet écrit sur lui et le relira religieusement trois fois par jour, par exemple en arrivant au travail, pendant la pause-café, durant son temps de transport ou avant de s'endormir.

Certaines personnes peuvent se moquer de cette pratique, pourtant très efficace. Mais leur réaction ne nous inspire aucune remarque. Nous conservons nos objectifs : l'essentiel est que ça fonctionne !

ENSOLEILLER LE QUOTIDIEN

Le quotidien tue-t-il l'amour? La question est sur toutes les lèvres, dans tous les esprits. En fait, elle traduit notre besoin de trouver des explications extérieures au sentiment d'usure et de lassitude que nous pouvons ressentir dans notre couple. Évidemment, le quotidien ne tue rien du tout! Le quotidien ne porte aucune responsabilité dans ce qui nous arrive. Il est ce que nous en faisons. Et si nous rêvons un peu naïvement d'une passion à l'épreuve du temps et d'une intimité solide comme un roc, nous nous berçons d'illusions.

Notre relation est comme une maison. Elle nécessite un entretien régulier, une attention permanente pour observer son évolution dans le temps et, parfois, de sérieux travaux de réfection quand des fissures apparaissent. Si, trop confiants dans la solidité de la construction initiale, nous laissons passivement l'édifice se détériorer, nous nous retrouvons un beau jour assis sur un tas de ruines et nous n'avons plus que les yeux pour pleurer.

Ce chapitre explore les attitudes et les conduites simples qui peuvent nous permettre de créer des rituels chaleureux, d'éviter que nos rôles ne se figent et de désactiver les virus anti-amoureux qui polluent notre quotidien. Inspirez-vous des jeux proposés pour entretenir, créer ou recréer votre complicité amoureuse.

Rituels charmants | 11

On associe souvent les difficultés rencontrées par le couple au train-train quotidien. Et les injonctions à «briser la routine» par toutes sortes de moyens ne manquent pas. Ces recommandations ne doivent pas tromper notre vigilance. Privilégier de manière systématique le désordre et l'imprévu, sous couvert de rompre avec les habitudes, ne sont pas des actions toujours très bénéfiques. En effet, la vie quotidienne de notre couple est ponctuée par un certain nombre de règles et d'actes ritualisés qui éclairent et justifient notre vie intime. Les balayer d'un revers de main pour être dans l'air du temps peut avoir des conséquences négatives.

Quels sont ces petits rituels qui caractérisent votre couple?

Pouvez-vous en dresser l'inventaire par écrit, chacun de votre côté?

À présent, comparez vos deux listes et engagez le dialogue: quels sont, dans ces rituels, ceux qui vous charment et que vous souhaitez poursuivre coûte que coûte?

Quels sont ceux qui vous ennuient?

Souhaitez-vous tous les deux en instaurer de nouveaux?

Accordez vos violons et notez vos choix communs sur une feuille de papier. Votre engagement est pris! À présent, choisissez le rituel que vous préférez et mettez-le en pratique!

12 Virus anti-amoureux

Voici une liste de virus potentiellement anti-amoureux. Ajoutez-y ceux qui ont pu parasiter votre couple ou les couples de vos parents ou amis. Faites ce travail ensemble.

- soirées télé ritualisées ;
- navigation Internet ;
- engagements à l'extérieur ;
- stress professionnel ;
- fatigue ;
- manque de temps ;
- enfants « vampires » ;
- passion, activités sportives ou culturelles qui grugent votre temps ;
- laisser-aller vestimentaire ou physique ;
- petites impolitesses ;
- oubli de dates clés ;
- proximité liée aux fonctions naturelles ;
- absence de projet commun ;
- reproches personnels ;
- culpabilité ;
- plaintes continuelles ;
- mutisme ;
- manque de dialogue ;
- peur d'ennuyer ou de décevoir l'autre.

Biffez les virus qui ne vous concernent ni l'un ni l'autre. Surlignez à l'aide de feutres de couleur les cinq qui vous préoccupent plus particulièrement. Choisissez une couleur différente pour chacun d'entre vous. Prenez des mesures immédiates concernant ceux qui vous indisposent tous les deux. Cherchez des solutions en ce qui concerne les autres. Vous pouvez adopter, par exemple, la méthode «un peu plus, un peu moins»: un peu moins de paresse, un peu plus de tendresse; un peu moins d'absences répétées, un peu plus de temps à deux.

13

Question de temps

Trop de temps ou pas assez de temps passé l'un à côté de l'autre, mais combien de temps où vous êtes tous les deux attentifs à vos besoins ? Certaines personnes retraitées ou en arrêt momentané de travail vivent côte à côte le plus clair de leur journée. Mais il n'est pas certain qu'elles accordent beaucoup de temps à leur relation. D'autres courent après les minutes. Le temps est compté… Entre les soins donnés aux enfants, les occupations sociales et professionnelles et les loisirs, plusieurs laissent leur couple naviguer par inertie, sans lui donner la moindre trajectoire.

Il faut dire que nous entretenons avec le temps des rapports souvent compulsifs. Mais peut-il en être différemment lorsque les valeurs humaines sont évaluées sur des critères aussi raffinés que l'efficacité immédiate, la vitesse et la précipitation ? À votre avis ?

Vous-même, avez-vous le sentiment de consacrer : pas assez, suffisamment ou trop de temps à votre couple ?

Discutez de ce point avec votre partenaire et livrez-vous à l'expérience suivante : un jour par semaine, que vous choisirez d'un commun accord, par exemple tous les jeudis pendant un mois, vous fournirez tous les efforts dont vous êtes capable pour ne pas consacrer une seule seconde de votre temps à votre partenaire et à votre couple.

Que ressentez-vous ?

Cette prescription paradoxale, qui consiste à faire exactement le contraire de ce que l'on souhaite, devrait vous permettre de prendre conscience de l'importance du temps dans la vie du couple et de composer plus habilement avec votre agenda amoureux.

Moi je suis toi | 14

La plupart du temps, nous assumons, chacun de notre côté, des rôles bien spécifiques dans notre couple. Nous choisissons librement certaines de nos conduites, d'autres nous sont dictées par le contexte. En outre, notre partenaire attend de nous que nous adoptions tel ou tel comportement, à tel moment, parce que ce comportement répond à un ensemble de modèles, de principes et de règles, plus ou moins implicites, que nous sommes censés partager. Sur la liste des tâches suivantes, pouvez-vous nous dire qui fait quoi la majeure partie du temps ?

- descendre les poubelles ;
- faire le ménage ;
- poser une étagère ou changer une ampoule ;
- préparer les repas ;
- s'occuper du linge ;
- soigner les enfants ;
- choisir les loisirs ;
- conduire la voiture pour un long trajet ;
- inviter des amis ;
- gérer le budget ;
- décider de faire l'amour ;
- faire le premier pas après une querelle.

Nous vous proposons de faire l'expérience suivante : pendant une semaine, inversez les rôles pour certains des points énumérés sur la liste ci-dessus. Choisissez ensemble lesquels seront visés. À moins de souffrir de crispation aiguë, vous constaterez que le jeu est drôle et qu'il évite la sclérose du couple. Renouvelez cette mesure quand vous en aurez envie.

Cette expérience nous montre qu'accepter une certaine flexibilité des rôles permet de tenir compte de nos aspirations réelles et d'avoir le souci de l'épanouissement de l'autre.

Dix messages positifs

15

Les messages positifs sont des caresses à l'âme que nous nous adressons l'un à l'autre : sourires, regards enjôleurs, propos aimables, baisers, petites attentions, gestes tendres. Tous les signes de reconnaissance verbaux ou non verbaux, ces petits riens, qui nous permettent de nous épanouir et de faire évoluer notre relation, sont des messages positifs.

Sauriez-vous évaluer le nombre de messages de ce genre que vous échangez avec votre partenaire au cours d'une journée ? Si vous n'en avez aucune idée, faites le compte pendant vingt-quatre heures en dessinant un bâtonnet sur un morceau de papier chaque fois que vous utilisez ce genre de message. Moins de cinq messages positifs par jour ? Vous n'êtes guère démonstratifs ou vos besoins de preuves d'amour ne sont pas très élevés. Mais si ce mode de fonctionnement vous convient à tous les deux, nous n'avons rien à redire. Si vous pensez, en revanche, que vos témoignages d'affection gagneraient à être plus explicites, faites le jeu suivant : pendant une semaine, efforcez-vous de vous adresser tous les deux, chaque jour, au moins dix messages positifs.

Quels sont les effets produits par l'application de cette consigne ? L'un de vous deux s'est-il senti en décalage ?

Nous n'avons naturellement pas tous les mêmes besoins. Certaines personnes sont gênées à l'idée de devoir exprimer leur amour, d'autres se protègent au moindre signe de générosité amoureuse qui leur est adressé. Aimer, s'aimer, se faire aimer, c'est être capable de trouver une harmonie, savoir prendre et savoir donner sans que nos attitudes ne deviennent envahissantes.

16

Des graines d'amour

Certains de nos amis utilisent cette pratique de l'ensemencement amoureux avec profit. Sans doute pourriez-vous également y trouver votre compte. Veillez toutefois à conserver le sens de la mesure: trop, c'est trop! Et votre partenaire pourrait très vite montrer des signes de fatigue devant la prolifération de vos graines d'amour. Par ailleurs, ne vous méprenez pas, ces signes constituent des rituels fort sympathiques de confirmation amoureuse, mais ils ne sauraient se suffire à eux-mêmes et vous affranchir de tout autre geste…

Le traditionnel cœur dessiné au rouge à lèvres sur le miroir de la salle de bains ou les billets doux accrochés à la porte du réfrigérateur font partie des pratiques d'ensemencement amoureux, mais ils datent un peu… Sculpter le savon de la douche en forme de sexe ou louer un emplacement publicitaire sur la route que votre partenaire emprunte pour se rendre au bureau sont des actions qui dénotent un souci d'originalité déjà plus affirmé. Mais nous ne vous en dirons pas davantage. Faites fonctionner votre imagination et préparez vos semis!

17
Vie poétique

S'il ne dépasse pas la réalité terre à terre de la reconnaissance sociale, du devoir procréateur, de la gestion de la vie ordinaire et des soins infirmiers aux blessures de l'enfance, notre couple aura les plus grandes difficultés à atteindre une dimension magique. Celle qui nous permettrait d'être libres et audacieux, heureux et confiants dans la vie.

Les actes poétiques réveillent notre puissance créatrice et nous procurent un sentiment de bien-être et de plénitude. Comment ajouter de la poésie au quotidien ? Chacun dispose, bien sûr, de ses propres réponses. Un certain nombre de traits permettent toutefois de caractériser ce qu'est un acte poétique. C'est quelque chose qui nous semble beau, qui s'impose à nos yeux et qui va nous permettre de rompre avec notre personnage et notre fonctionnement habituels, par exemple :

- passer une nuit dans un igloo ;
- pleurer ensemble devant un coucher de soleil ;
- se baigner nus dans une cuve de raisins ;
- bâtir une maison avec des bouteilles de verre ;
- partir trois jours dans un hôtel balnéaire en plein hiver.

Voilà cinq exemples d'actes à caractère poétique qui peuvent vous inspirer pour vos créations personnelles.

C'est le premier pas qui compte. Décidez d'une date, à court terme, où vous aurez concrétisé l'un de vos projets et entourez-la en rouge sur le calendrier. Si vous ne pouviez pas réaliser votre projet, adressez-nous un courrier électronique à l'adresse Internet citée à la fin du livre. Nous vous retournerons un gage poétique à effectuer sans faute !

18

Magie
de la danse

L'érotisme fait partie du quotidien. Il est un art de vivre, une politesse à l'amour. Et il existe mille manières d'entretenir l'érotisme dans le couple. Du repas amoureux à l'œillade discrète, en passant par la façon de s'habiller et les petits cadeaux charmants, chacun invente ses propres recettes pour que l'autre ait envie de se rapprocher de lui, pour que sa compagnie lui soit agréable.

Parmi les rituels puissamment érotiques, il est fort peu de choses qui, à notre avis, surpassent la magie de la danse. Inutile de se rendre dans un endroit spécialisé pour pratiquer ce rituel délassant: on peut danser chez soi, dans une cabane de jardin, sur une barque au milieu d'un lac, dans la forêt… Un simple baladeur muni de deux casques convient parfaitement pour les endroits les plus insités.

Choisissez la musique à tour de rôle et dansez sans jamais perdre le contact physique avec votre partenaire. Il n'est pas nécessaire d'être des cavaliers émérites pour se lancer dans l'aventure. Goûtez les pensées tristes d'un tango, les diableries d'une valse, l'indolence d'un slow dans la neige. Vivez cet instant sans songer à autre chose, dansez avec douceur et laissez tomber vos inhibitions. La magie fera le reste.

Dans la gestion de votre temps amoureux, prévoyez de consacrer deux ou trois heures hebdomadaires à la danse en couple. Votre vie en sera changée!

19 *Traces*

Chaque couple est un univers restreint, mais original, qui possède sa propre intimité et un mode de relation au monde extérieur qui lui est personnel. Au fil du temps, cet univers s'enrichit d'objets, d'images, de récits, de joies, de chagrins.

Même si vous n'êtes pas mordus de muséographie, amusez-vous à collectionner les éléments qui font sens dans votre histoire amoureuse : photographies, lettres, notes d'hôtel, tickets de spectacle…

Datez et conservez ces objets dans un endroit approprié. Ce peut être une simple boîte à biscuits ou un carton à chaussures. Vous prendrez beaucoup de plaisir, par la suite, à évoquer ces traces de votre aventure, parfois en riant, à d'autres moments avec une pointe de nostalgie ou de la buée dans le regard. Nos émotions sont ce qui nous porte.

Veillez toutefois à ne pas transformer cette pratique romantique en fièvre qui vous conduirait à ramasser tout ce qui se trouve sur votre passage. Pensez aussi, de temps à autre, à faire le vide pour vivre légers et renouveler vos souvenirs.

S'ÉCOUTER PARLER

Inspirés par la psychanalyse, nous sommes nombreux à attribuer à la parole des vertus salvatrices probablement surdimensionnées : la parole ne peut pas régler tous nos problèmes et, malgré les meilleures intentions du monde, une succession de monologues ne sera jamais un dialogue. Parler est inutile quand on ne s'entend pas.

La parole peut même être hautement toxique quand tout devient prétexte à parler de soi, quand le besoin de s'exprimer, de s'affirmer, de prouver que l'on existe nous entraîne dans un labyrinthe verbal dans lequel nous égarons l'autre en nous perdant nous-même.

Dans bien des situations, la parole non maîtrisée nous éloigne au lieu de nous rapprocher. Elle enchevêtre plus qu'elle ne dénoue.

«Les propos aimables sont un rayon de miel, doux au palais, salutaires au corps», écrit l'auteur des Proverbes. Or, très souvent, nous passons notre temps à dire des paroles qui appellent des choses dont on ne veut pas. Comment éviter cela? Ce chapitre propose un ensemble de pratiques et d'outils simples pour adoucir son langage, jouer avec les mots, apprendre à s'écouter avec le cœur et utiliser les vertus apaisantes de la parole, sans perdre sa spontanéité.

20
Paroles, paroles, paroles

Réfléchissez aux questions suivantes, chacun de votre côté puis, si vous êtes d'accord, mettez vos réponses en commun.

Selon vous, quelle place la parole occupe-t-elle dans votre couple?

- Insignifiante. Chez vous, les mouches s'entendent voler.
- Convenable. Les échanges sont mesurés.
- Surabondante. Vous êtes deux moulins à paroles.

Chez vous, la parole fonctionne...

- Avec des piles.
- À l'électricité.
- En haute tension.

L'un de vous deux a-t-il un plus grand besoin de parler que l'autre? Son besoin est-il généralement satisfait? Quelle est l'attitude de l'autre à son égard?

On imagine mal un texte sans ponctuation. Quelle est la part du silence dans votre couple?

Avez-vous parfois la sensation que l'autre vous mène en bateau avec ses beaux discours? Remémorez-vous avec précision la dernière fois où vous avez éprouvé cette impression. Qu'avez-vous ressenti ? L'avez-vous formulé ? Que s'est-il passé ensuite ?

Attention, parce que la parole touche à l'intimité du couple, cet exercice peut réveiller de vieilles contradictions et devenir source de mésentente. Si vous sentez que le dialogue tourne en rond, interrompez-le et fixez-vous silencieusement cinq minutes dans les yeux, à bonne distance l'un de l'autre. Vous vous efforcerez de paraître féroces, tous les deux, en gardant votre sérieux le plus longtemps possible.

21

On parle toujours trop

«Quand on parle, on parle toujours trop», prétendait l'une de nos grands-mères qui n'avait d'ailleurs pas la langue dans sa poche. Cette formule est certes un peu brutale, mais, il faut bien le reconnaître, pas totalement dénuée de fondement.

Nous n'avons pas besoin de tout nous dire

Difficultés professionnelles, angoisse existentielle, tracas du quotidien, même si votre partenaire reste votre principal confident, il vaut parfois mieux communiquer vos problèmes à une tierce personne (ami, parent ou collègue) plutôt que de considérer votre chéri comme un déversoir. L'amour s'accommode mal des discours sans fin ou des confidences morbides.

Les mots sont parfois de trop

Dans les moments de grâce ou de bonheur intense, exprimer verbalement ses émotions ou émettre des commentaires sont des comportements qui peuvent rompre le charme. On peut aussi tout abîmer avec des mots. La prochaine fois, tournez sept fois votre langue dans votre bouche avant de vous taire!

Dites-nous… Vous est-il arrivé de regretter vos paroles pour l'une ou l'autre de ces raisons? Où et quand était-ce? Qu'avez-vous dit que vous auriez préféré taire? Quels ont été les effets produits? Votre partenaire vous a-t-il fait une remarque? Faites le point avec lui.

22
Inutile de crier pour s'entendre

Placez-vous à bonne distance l'un de l'autre, dans une pièce suffisamment vaste ou à l'extérieur. L'un de vous deux va prononcer une phrase, à voix basse, que l'autre doit réussir à comprendre. Vous pouvez, pour corser l'exercice, mettre de la musique ou le faire dans un lieu fréquenté. Celui qui doit identifier le message fera un signe (sur lequel vous vous êtes entendus d'avance), à chaque répétition, pour indiquer qu'il n'a pas saisi. Vous essaierez alors d'améliorer la transmission en faisant diverses choses : hausser légèrement la voix, faire des efforts articulatoires et vous rapprocher lentement.

Ce divertissement, particulièrement drôle en société, à condition que votre manège n'inquiète pas les personnes présentes, joue sur plusieurs registres : voix, écoute, intuition, lecture sur les lèvres et distances relationnelles.

On peut lui associer une dimension érotique, épicer le message, pour pimenter le tout !

Pages choisies

23

Se dire ou se lire des textes l'un à l'autre éveille des sensations d'une grande volupté. On se laisse charmer par la voix chaude et magnétique de l'autre. Plaisir des mots savourés, douceur de l'écoute, lumière éteinte ou grand soleil, vous serez transportés !

Vous pouvez inscrire cette pratique de manière régulière à votre agenda amoureux. Poésie, littérature érotique, théâtre, choisissez vos pages avec soin et préparez votre lecture. Encore plus sensuel : dites le texte ensemble en buvant les mots aux lèvres de l'autre. Et si vous tentiez l'expérience avec ce sonnet de Ronsard, composé pour célébrer la passion qu'il voue à Hélène de Surgères, demoiselle d'honneur de Catherine de Médicis ?

Quand je pense à ce jour où, près d'une fontaine,
Dans le jardin royal ravi de ta douceur,
Amour te découvrit les secrets de mon cœur,
Et de combien de maux j'avais mon âme pleine,

Je me pâme de joie, et sens de veine en veine
Couler ce souvenir, qui me donne vigueur,
M'aiguise le penser, me chasse la langueur,
Pour espérer un jour une fin à ma peine.

Mes sens de toutes parts se trouvèrent contents,
Mes yeux en regardant la fleur de ton Printemps,
L'oreille en t'écoutant, et sans cette compagne

Qui toujours nos propos tranchant par le milieu,
D'aise au Ciel je volais, et me faisais un Dieu ;
Mais toujours le plaisir de douleur s'accompagne.

Pierre de Ronsard, *Sonnets pour Hélène,* sonnet 13, 1578

Une langue
et deux oreilles

Si l'on en croit le philosophe stoïcien Épictète, nous sommes dotés d'une langue et de deux oreilles pour écouter deux fois plus que nous ne parlons. Ce précepte est-il à l'ordre du jour chez vous ?

À l'improviste, faites l'inventaire proposé ci-après, chacun de votre côté, après une journée passée ensemble, par exemple en fin de semaine. L'exercice est en outre excellent pour votre mémoire à court terme.

Pouvez-vous nous dire de combien de sujets vous vous souvenez avoir vous-même parlé au cours de cette journée ? Remémorez-vous lesquels et faites le compte.

Faites le même travail avec les sujets qui ont été abordés par votre partenaire.

Quelle est votre dominante ? Langue ou oreilles ?

Cet exercice attire notre attention sur les insuffisances possibles de notre écoute. Très souvent, nous n'écoutons pas vraiment. Nous pensons le faire, mais en réalité, nous restons centrés sur nos propres préoccupations et notre dialogue intérieur. Parfois, cela se justifie : une écoute attentive n'est pas nécessaire quand nous échangeons des petites phrases pour entretenir la relation : « Bien dormi ? », « Le temps est magnifique ce matin ! » Mais à d'autres moments, un manque d'écoute peut offenser notre partenaire ou lui donner le sentiment que nous lui manquons de considération. Lorsque cette pratique devient systématique, elle devient même parfaitement destructrice pour la personne qui ne se sent pas écoutée.

Inscrivez cela sur vos tablettes : l'écoute sincère est le sel de l'amour.

25 *Apprendre à parler*

«La violence commence là où la parole s'arrête», dit Marek Halter. Mais de quelle parole parlons-nous? Les mots et la façon dont ils sont interprétés ne recèlent-ils pas, eux aussi, les germes de la violence dans notre couple? Sur la liste suivante, accordez-vous un point chaque fois que vous reconnaissez des attitudes ou des comportements qui vous sont habituels:

- Vous dites systématiquement à l'autre ce qu'il doit faire, même s'il ne vous demande pas votre avis.
- Vous analysez son comportement, vous évaluez tout ce qu'il fait et, chaque fois que c'est possible, vous le critiquez en public.
- Vous utilisez le chantage affectif pour obtenir ce que vous souhaitez.
- Vous accusez votre partenaire de tous vos maux.
- Vous ne formulez jamais aucune excuse. Vous ne demandez jamais pardon: c'est à l'autre de faire le premier pas.
- Vous généralisez vos propres expériences pour avoir la certitude de détenir la vérité.
- Vous ne sélectionnez que ce qui vous arrange dans ce que dit ou fait l'autre.
- Vous interprétez les attitudes et les comportements de votre partenaire sans prendre aucun recul.
- Vous ne portez aucune attention à ce qu'il dit.
- Vous ne baissez pas les bras tant que vous n'obtenez pas le dernier mot. Montrer sa faiblesse est bien la dernière des erreurs à commettre.

Si vous totalisez plus de trois points, sachez que ces comportements peuvent avoir des conséquences désastreuses sur la communication dans votre couple et sur la santé mentale de votre partenaire. Il est peut-être grand temps d'amorcer un changement. Ne croyez-vous pas ?

26 *Écoute*

Utilisez la trame du mythe de Rhésos pour broder une histoire que vous raconterez à votre partenaire. Demandez-lui ensuite de vous répéter succinctement la légende. Vous a-t-il bien écouté ?

Rhésos voit un chêne déraciné. Il use de toutes ses forces pour le remettre droit. Sauvée de la mort par ce geste héroïque, une jolie nymphe des forêts lui offre de formuler un vœu qu'elle lui accordera bien volontiers. Ne doutant de rien, Rhésos lui demande son amour. Fidèle à son engagement, elle accepte de le lui donner, mais Rhésos devra rester vigilant, car la nymphe utilisera une abeille messagère pour lui faire part de ses désirs.

Rhésos part boire un verre avec des amis et oublie complètement cette histoire d'abeille. Aussi, quand l'insecte vient bourdonner à ses oreilles, il le chasse méchamment. La jolie nymphe est très déçue du manque d'écoute dont a fait preuve Rhésos. Elle le frappe de cécité.

A-t-il tout oublié ou presque ? Donnez-lui un gage.

Vous pouvez reproduire ce jeu de créativité et d'écoute en utilisant d'autres types de documents : articles de journaux, condensés de romans ou textes historiques. Cherchez des pistes – par exemple, déroulez visuellement l'histoire dans votre esprit – pour améliorer la qualité de votre écoute. Et laissez-vous pénétrer par la voix de votre chéri.

27
S'inventer
des histoires

Sur un morceau de papier, écrivez cinq mots, chacun de votre côté. Les mots peuvent avoir un lien direct ou n'entretenir aucun rapport les uns avec les autres. Ils peuvent également faire le tour d'un sujet sur lequel vous souhaitez que votre partenaire s'exprime. Toutefois, cette dernière disposition n'est qu'une invitation ; elle ne doit en aucun cas devenir une obligation.

À tour de rôle, vous allez improviser une réflexion ou une histoire, à partir de ces cinq mots, en les intégrant dans un discours plus large de quelques minutes. Votre intervention doit avoir un début, un milieu et une fin. Décidez d'un commun accord, avant le début du jeu : soit d'utiliser les mots dans leur ordre d'inscription, soit de laisser l'improvisateur libre de choisir l'ordre dans lequel il va les employer. La seule règle non négociable est que les cinq mots soient tous cités au cours de l'improvisation.

Entraînez-vous avec les mots suivants :

TOISON - FIACRE - RIDICULE - BOXEUR - CREVETTE

Vous pouvez également vous entendre sur la possibilité pour celui qui écoute d'intervenir, de poser des questions ou de semer le trouble pour déstabiliser l'orateur.

Ce jeu possède une double dimension ludique et démocratique. Ludique, car il nous permet de mêler nos imaginaires et de nous raconter des histoires. Ce qui ne manque pas de sel ! Démocratique puisque, en laissant à l'autre l'occasion de s'exprimer autour de mots clés, nous lui proposons un cadre de pensée et lui offrons en même temps la possibilité de sortir de ce cadre.

Dépassez votre crainte de prendre la parole et utilisez ce jeu pour parler de poésie, d'amour, d'émotion, de tendresse, de projets… Il vous ira comme un gant !

Mots d'amour en dépôt

28

Vous éprouvez des difficultés à prononcer les mots d'amour que vous souhaiteriez dire à votre partenaire ? Vous avez peur de bafouiller, de paraître ridicule ? N'ayez aucune crainte, vous n'êtes pas seul à ressentir cela. Dans notre culture, l'amour se prouve, il ne s'énonce pas. S'il s'affirme, c'est qu'il ment. Si on le tait, c'est pour conjurer la perte qui pourrait résulter de sa publicité. C'est ainsi ! Dire que l'on aime est associé, au mieux à un comportement puéril un peu naïf, au pire à une obsession malsaine. Qu'il est doux, pourtant, de prononcer de telles paroles...

Si vous vous sentez incapable de dire votre amour de vive voix, utilisez les outils magiques que constituent les boîtes vocales, les fichiers sonores sur Internet, les répondeurs téléphoniques ou les disques compacts que vous oublierez négligemment dans le lecteur de l'automobile de votre partenaire.

Composez votre message avec soin par écrit ou laissez les commandes à votre imagination. Vous pouvez faire des emprunts à la poésie, à la littérature, lire un extrait qui vous enchante. Le jeu des devinettes avec réponse différée est également stimulant.

Mais n'oubliez pas une chose : votre voix parle tout autant que les mots que vous utilisez. Privilégiez les inflexions chaudes et la musicalité des phrases pour susciter le désir chez votre partenaire. Savez-vous qu'il peut atteindre l'extase à l'écoute de vos messages en dépôt ?

ÉCRIRE À L'ENCRE SYMPATHIQUE

La communication orale, en direct, et l'écriture n'ont ni la même logique, ni les mêmes intentions, ni les mêmes vertus. La parole appartient au temps du contact, de l'échange, l'écriture à celui du détachement, de la séparation, du différé. On peut difficilement échanger pendant l'amour par missives interposées, de même qu'il paraît hypothétique, en cas de séparation, de se livrer à l'inventaire du mobilier sur le mode verbal.

L'écriture permet de prendre du recul, de s'extraire de la relation et de passer des engagements solides avec soi-même ou avec son partenaire.

Dans un autre registre, sa dimension romantique n'échappe pas aux amants éloignés qui échangent des missives enflammées pour brûler les distances et remettre un peu de «corps» dans la relation. Mais elle dispose aussi d'un puissant pouvoir érotique et permet de créer des objets amoureux à offrir. Sympathique, l'encre est la danse du geste qui s'inscrit secrètement, un moment suspendu où l'on pense à l'autre.

En vous proposant des jeux d'écriture simples, mais qui ne manquent pas de produire leur petit effet, ce chapitre vous aide à inventer des messages amusants, émouvants pour vous surprendre l'un l'autre.

Correspondances | **29**

Tendres aveux, déclarations enflammées, expressions du désir ou missives secrètes, la correspondance amoureuse perd ses lettres de noblesse à mesure que le couple s'installe dans la routine de la vie à deux et le rapprochement physique. Pourtant, quels que soient sa forme et les moyens de transmission qu'elle emprunte, la lettre d'amour est un stimulant de premier ordre pour réinjecter un peu de romantisme et de distance érotique dans le quotidien.

À quand remonte la dernière lettre ou le dernier billet d'amour que vous avez adressé à votre partenaire ?

Vous souvenez-vous quelle en était la teneur ?

Vous arrive-t-il d'être séparés géographiquement l'un et l'autre et de vous envoyer de belles lettres aux mots parfumés et à l'écriture soignée ?

De quoi parlez-vous le plus souvent dans vos courriers amoureux ?

Aimez-vous recevoir des lettres ou des petits mots ?

Quelle part la communication écrite (billets doux, courriers électroniques ou autres messages, etc.) occupe-t-elle dans vos rituels amoureux ?

Voulez-vous remettre la correspondance amoureuse ou érotique au goût du jour avec votre partenaire ?

Sous quelle forme et pour quels bénéfices ?

Prenez le temps d'aborder ce sujet, ensemble, et redécouvrez les joies de l'écriture amoureuse !

30
À mots couverts

Sauriez-vous reconnaître les messages cachés dans ces billets, en apparence anodins ?

1. Je m'occupe du garagiste… Et de réserver pour samedi. Tu pourrais peut-être rappeler la boutique ce matin. Avec ta sœur, on ne sait jamais ! Invite les voisins si ça te fait plaisir.
   Mille baisers. Et quelques autres en prime ! didou

2. Gérard est arrêté : je récupère tous ses dossiers. En fait, cela représente au moins trois jours de travail supplémentaire. Vivement les vacances qu'on prenne un peu de repos, mon amour. Deux fois par an, je trouve que c'est mérité. Toi, tu pourras prendre des jours en mai ? Pas en avril, c'est impossible. Sophie, la secrétaire, prend des congés à cette période. Budget oblige, elle rentre pour mettre en place le prévisionnel, à très bientôt…
   Robert

Bravo pour votre perspicacité ! Pourquoi ne pas déployer, vous aussi, des trésors d'ingéniosité pour votre correspondance complice ?

31 | *Encres invisibles*

Ce chapitre serait bien mal nommé si nous négligions de vous soumettre des formules magiques pour réaliser des encres sympathiques. Cléopâtre utilisait, dit-on, ce stratagème pour doubler ses écrits politiques de mots d'amour. Pourquoi ne pas vous amuser, vous aussi, à communiquer secrètement de cette manière. Vous pouvez oser les mots les plus crus, puisque nul autre que votre partenaire n'est en mesure de vous lire, ou écrire un double message dont l'un serait visible et l'autre à découvrir… Entre les lignes du premier !

Choisissez une plume en acier dans un commerce de fournitures d'arts graphiques et utilisez un papier non glacé, suffisamment épais, mais non poreux pour éviter les pâtés.

Encre fleurie

Pilez dans un bol des fleurs de violette, de marguerite et de nénuphar en masses à peu près égales. Filtrez et faites couler le jus d'un citron sur le tamis, par-dessus les fleurs écrasées. Pressez et utilisez le liquide recueilli pour écrire votre message. Cette encre parfumée se révèle à la forte chaleur. Utilisez la flamme d'une bougie pour la lecture. C'est plus romantique !

Encre chimique

Faites dissoudre des sels de cobalt dans un demi-verre d'eau douce et employez la solution obtenue. L'encre apparaîtra à la chaleur et disparaîtra dès que la feuille de papier refroidira. Intéressant, non ?

Des magiciens préconisent le jus d'oignon pour les correspondances secrètes. Nous vous le déconseillons à cause de l'odeur que certaines personnes trouvent incompatible avec les mots d'amour.

32 | *Poème*

Pour une occasion quelconque, vous aimeriez offrir un poème d'amour à votre partenaire, mais vous ignorez comment vous y prendre. L'inspiration vous fait défaut. Vous êtes coincé devant votre feuille, le stylo entre les dents et vous songez déjà à une solution de remplacement. Pas de panique ! Voici un dispositif de départ qui devrait vous donner satisfaction.

Prenez un poème que vous appréciez ou le texte d'une chanson d'amour et ne conservez que le premier et le dernier mot de chaque vers. Vous disposez à présent d'une contrainte libératrice pour composer votre poème, puisque vous allez devoir «boucher les trous» à chacune des lignes. Et cela, sans que l'on puisse vous taxer de contrefaçon !

Faites-vous la main avec ce poème de Renée Vivien (1877-1909) que nous avons décharné pour vous être agréables.

Ondine

Ton rire . . . . *profonde*
Tes froids . . . . *font*
Tes yeux . . . . *l'onde*
Et les lys . . . . *ton front*

Ta forme..fluide
Et tes cheveux..réseaux
Ta voix..perfide
Tes souples..roseaux

Aux longs..l'étreinte
Enlace..savamment
Au fond..éteinte
Dans un nocturne..évanouissement.

33 *Haïku*

Le haïku est un petit poème japonais qui fonctionne à l'économie. C'est probablement d'ailleurs ce qui en fait la force et la fraîcheur. Il est composé de dix-sept syllabes réparties, dans sa forme classique, en trois vers de cinq, sept et cinq pieds. Mais il existe des configurations métriques plus libres.

Les autres règles à respecter, pour les figures imposées, sont l'absence de métaphore – les images alourdissent – et une référence obligatoire à la nature ou aux saisons, que les puristes appellent le *kigo*.

Si l'idée vous chante, vous pouvez vous lancer conjointement dans la conception de haïkus amoureux pour parfumer votre cœur et votre maison. Consignez vos créations dans un petit carnet que vous prendrez plaisir à relire de temps à autre, ou affichez-les.

Voici deux haïkus de notre cru :

Passé le pont bleu
L'herbe essouffle la colline
Quittons nos habits.

J'ai vu dans la tasse
Le café qui tourne en rond
Mais tu dors encore.

Cadavre exquis

34

«Le cadavre exquis boira du vin nouveau», voilà la première phrase qui a été écrite collectivement par les surréalistes en 1927.

En couple, le jeu consiste à composer un récit à deux plumes. Nous vous recommandons les histoires coquines, en général très inspiratrices. Commencez en écrivant un élément de phrase sur un papier, que vous plierez ensuite en ne laissant apparaître que le dernier mot avant de le passer à votre partenaire. Il complétera votre texte, puis pliera la feuille à son tour en respectant la même consigne que vous pour le dernier mot. Et ainsi de suite…

Déterminez, avant le début du jeu, la construction de vos phrases afin de savoir qui écrit quoi. Par exemple : le premier écrit un groupe nominal sujet, le second un groupe verbal, le premier un complément circonstanciel, le second un nouveau groupe nominal sujet, etc. Vous pouvez aussi simplifier en écrivant une phrase chacun, mais le texte est parfois plus décousu. Inventez des personnages et des situations cocasses. Lorsque vous aurez écrit le mot de la fin, désignez celui de vous qui lira le texte. Fou rire assuré !

35

Les mots mangés

Votre partenaire aime les mots d'amour que vous lui écrivez. Les souris et les mites aussi !

Ce jeu de remplissage complice, inauguré par Rabelais dans *Gargantua*, consiste à imaginer une très belle lettre d'amour, à en faire une photocopie pour vous souvenir du texte, puis, à l'aide d'un correcteur liquide, à faire des trous dans le texte : phrases manquantes, morceaux de mots disparus, comme si des bestioles en avaient brouté des fragments, au hasard.

Le jeu va consister, pour votre partenaire, à restaurer votre texte, en respectant, autant que possible, ce qu'il imagine être la version originale.

Mon a   , mon   trompe   pas. Ce matin je n'ai pas
larmes   pensant   . Quelle   nous
ensemble. Je t'
mais les mots   soir.

Cet exercice favorise l'entente spontanée et la compréhension entre les partenaires. Il permet de se mettre à la place de l'autre et d'évoquer ses propres sentiments. On peut aussi l'aborder de façon plus lutine…

Bouquet de mots | 36

Les calligrammes sont des poèmes dont la disposition des vers représente les contours d'un dessin évoquant le même objet que le contenu du texte. Ce sont donc des créations qui offrent autant à lire qu'à regarder. Une belle idée de cadeau personnalisé !

Expérimentés par le poète grec Simmias, au IIIe siècle avant Jésus-Christ, les calligrammes ont été popularisés par Stéphane Mallarmé et Guillaume Apollinaire. Nous vous proposons d'y goûter en composant un bouquet de mots gentils, de compliments, de louanges à l'attention de votre partenaire.

Munissez-vous d'un crayon sec, d'une gomme, de plumes, d'encres, de feutres et choisissez un papier de première qualité. Vous pouvez d'abord faire un brouillon ou vous lancer directement dans la création. À vous de voir !

Dessinez les contours d'un vase, au format de votre choix, puis habillez-le de mots. Passez ensuite à la réalisation du bouquet. Combien de mots en fleurs allez-vous assembler ?

Une fois le poème achevé, mettez-le sous verre et offrez-le à l'être aimé… N'ayez aucune appréhension, ce geste est sans danger !

37 *Je me souviens*

L'écrivain français Georges Perec (1936-1982) a publié un ouvrage composé d'une multitude de paragraphes très courts qui commencent tous par « Je me souviens… » et qui évoquent « l'infra ordinaire » du quotidien à travers des détails du passé qui ont imprimé sa mémoire.

Nous vous proposons de vous livrer à un jeu d'écriture, à deux mains, s'inspirant de ce procédé. Le principe est le suivant: munissez-vous d'un petit carnet (un seul carnet pour les deux), puis chaque jour, pendant une durée déterminée – par exemple trois mois –, inscrivez, à tour de rôle, un élément, un souvenir, une image qui appartient à votre aventure amoureuse et qui vous revient en mémoire.

Décidez lequel de vous deux prendra la plume les jours pairs, l'autre s'acquittera du même travail les jours impairs. Ne censurez pas vos souvenirs, évitez d'instaurer une organisation – chronologique ou autre – dans vos chroniques. Ne cédez pas non plus au piège de l'analyse qui consisterait à attribuer un sens quelconque au fait qu'un événement plutôt qu'un autre refasse surface.

Écrivez un texte de la longueur qui vous convient, de quelques mots à quelques lignes, sans excéder une page de carnet. Écrivez au moment de la journée qui vous convient le mieux. Cela ne prend guère de temps, c'est drôle, poétique, émouvant et, au bout de trois mois, vous disposerez d'une somme originale qui ne vous donnera qu'une seule envie: poursuivre!

COMMUNIQUER

Dans un couple, peut-être davantage qu'ailleurs, étant donné le rapport de proximité, l'intimité physique et l'histoire commune qu'entretiennent les partenaires, c'est une mission pratiquement impossible de ne pas communiquer. Même quand nous ne disons rien, assis sur le canapé, le nez dans notre magazine, nous disons quand même quelque chose : que nous n'avons rien à dire, que nous ne souhaitons pas parler, que nous ne nous sentons pas bien, que nous n'acceptons pas le dialogue...

La communication humaine fonctionne sur deux plans qui se chevauchent. Le premier plan concerne le contenu, c'est-à-dire, pour simplifier, l'information brute que nous nous transmettons par des mots parfaitement arbitraires. Le deuxième plan, beaucoup plus riche, plus complexe et équivoque que le premier, est celui de la relation. C'est le domaine du langage non verbal, des émotions, de l'interprétation subjective.

La relation englobe le contenu – quand contenu il y a ! – et indique comment celui-ci doit être compris. L'essentiel de la communication humaine fonctionne sur ce deuxième plan car, au-delà des mots, tout en nous parle, souvent à notre insu : nos regards, nos gestes, nos mimiques, nos postures, le rythme de notre respiration, la distance à laquelle nous nous tenons de l'autre, la couleur, la température et l'odeur de notre peau...

Notre partenaire perçoit, la plupart du temps intuitivement, la multitude de messages cachés que nous émettons, et il leur attribue souvent un sens de manière automatique, sans en avoir réellement conscience.

Dans ce cinquième chapitre, nous verrons quels sont les effets, souhaités ou non, de ces «influences occultes» sur notre vie amoureuse et comment nous méfier des interprétations que nous en faisons.

L'œuf dur | 38

Dans cet exercice, vous allez dessiner un œuf dur symbolique, en coupe, sur une feuille de papier. Vous tiendrez compte des indications qui suivent.

L'épaisseur de la coquille détermine, selon vous, votre capacité à communiquer ensemble : plus elle est forte, moins vous avez le sentiment de suffisamment communiquer avec votre partenaire.

Le blanc de l'œuf symbolise la partie relationnelle de vos échanges, autrement dit, tout ce qui s'exprime de manière non verbale dans votre couple : gestes amoureux, rituels, sourires, regards entendus, étreintes, etc.

Le jaune représente, quant à lui, la part purement informative de votre communication : tout ce que vous traduisez par des mots pour dire, faire ou décider quelque chose sans ambiguïté ni intention cachée. N'entrent pas dans le jaune les « caresses verbales » ainsi que toutes les petites phrases de confirmation ou d'entretien de la relation qui n'apportent rien de nouveau en termes d'information du type « Bonjour ! » ou « Quelle belle journée ».

Quelle tête a votre œuf ? Comparez vos schémas. Que vous inspirent-ils ?

39 *Petites incongruités*

Un certain nombre d'incompréhensions surviennent dans la communication du couple lorsque le contenu verbal et l'habillage relationnel ne coïncident pas. Quelque chose sonne faux dans les échanges et l'on n'a pas forcément conscience de l'origine de cette dissonance. Ce manque de concordance endommage l'authenticité de la relation et ouvre la porte aux interprétations les plus extravagantes. Elles correspondent rarement à l'intention de départ de l'auteur de la fausse note.

Vous est-il déjà arrivé de percevoir ce défaut de cohérence chez votre partenaire ou même chez vous ? Vous souvenez-vous précisément de la situation ? Quels ont été les effets produits ?

Faites les petits tests suivants, sous forme de jeux de rôle, pour juger des effets de la discordance :

- Dites-vous des mots d'amour en fronçant les sourcils.
- Simulez la colère avec le sourire.
- Confiez à l'autre votre joie de partager sa vie, l'air triste et le regard cloué au sol.
- Faites un compliment à votre partenaire sur ses nouveaux vêtements en pensant intérieurement à des haillons.

Mimes

40

Ajoutez aux questions ci-dessous d'autres questions de votre cru. Inscrivez-les sur des morceaux de papier que vous déposerez dans un chapeau, puis mélangez-les !

- Quelle est ta taille en centimètres ?
- Combien de sucre dans ton café ?
- Quand comptes-tu faire les courses ?
- Aimerais-tu dîner au restaurant ?
- À quelle heure pars-tu, demain matin ?
- Veux-tu inviter tes parents, samedi ?
- As-tu envie de faire l'amour avec moi, maintenant ?

Vous allez ensuite mimer ces questions chacun votre tour en utilisant uniquement les gestes et les expressions de votre visage. Savez-vous que cet exercice est loin d'être facile ? Tirez au sort un petit morceau de papier dans le chapeau et improvisez juste !

Lorsqu'il a compris la question, votre partenaire y répond verbalement. S'il a trouvé en moins d'une minute, bravo à tous les deux ! Votre complicité n'a d'égale que votre habileté à vous exprimer de façon non verbale.

41
Gammes

« Tu le vois bien que je t'aime, non ? Est-il besoin de te le répéter ? Regarde comment je me comporte avec toi et dis-moi si cela n'est pas une preuve suffisante de mon amour ? » Non, les choses ne s'imposent pas nécessairement d'elles-mêmes… Par pudeur, certaines personnes ont du mal à exprimer leurs sentiments. Elles se sentent harcelées quand l'autre leur demande une parole d'amour. S'il est probable que répéter quinze fois par jour à son partenaire qu'on l'aime peut trahir une immaturité affective ou un manque de confiance en soi, en revanche, ne jamais dire je t'aime, c'est souvent se complaire dans un mutisme douloureux qui risque de produire toujours plus de souffrance, pour l'un comme pour l'autre. Cessons de croire qu'il est dans notre caractère de cacher nos sentiments et que nous n'avons pas à forcer notre nature. Dire je t'aime libère notre capacité amoureuse, sécurise notre partenaire et illumine notre couple. Pourquoi se priver d'un plaisir qui pèse trois mots ?

Selon la façon dont ils sont prononcés, ces trois mots peuvent signifier différentes choses, des plus grossières aux plus sublimes. Tout est affaire de musicalité ! Faites vos gammes en utilisant le rituel qui suit : servez-vous de la petite phrase magique « je t'aime » pour exprimer les sentiments suivants :

- Je me sens seul, j'ai besoin de ton amour.
- Je souffre, aime-moi.
- T'aimer me procure un bonheur immense.
- Je veux rester toute la vie avec toi.
- J'ai envie de te faire l'amour.
- Je veux te dominer.
- Je t'aime tel que tu es.
- Je t'aime, quoi qu'il arrive.

Accordez-vous quinze minutes chacun votre tour pour jouer à ce petit jeu. L'autre doit deviner quel message magique vous avez caché dans votre je t'aime. Sans doute serez-vous surpris des résultats !

42

En aveugle

Faites ce jeu, chacun votre tour, lorsque vous disposerez d'un moment de calme et d'une sérieuse envie de vous amuser. Le fonctionnement est le suivant : l'un de vous deux ferme les yeux avant que l'autre adopte une position particulière de son choix. Accroupi, à quatre pattes, couché, debout, bras étendu ou cassé au coude, une jambe repliée… Peu importe. Il s'agit de trouver une posture originale qui puisse être tenue pendant quelques minutes.

Celui qui a les yeux fermés va tenter, par le toucher uniquement, de deviner quelle est cette position, avant de la reproduire à son tour. Quand il pense avoir trouvé, il rouvre les yeux. Comparez les deux attitudes. Quelle note sur dix attribuez-vous au candidat privé de la vue ? Vous pouvez également tester ce jeu dans le noir, en pleine nature et inventer toutes les variantes qui vous passent par la tête.

Lorsqu'un élément de notre système sensoriel nous fait défaut – ici, il s'agit de la vue –, nous avons tendance à reporter notre attention sur les informations qui nous proviennent d'autres canaux, mais de la façon dont ces informations sont traitées découlent des représentations parfois erronées.

43

Confiance partagée

Avez-vous déjà observé que certaines personnes qui s'apprécient mutuellement, par exemple des couples d'amoureux, de vieux amis, ont naturellement tendance à s'assortir l'un à l'autre. On dirait qu'ils cherchent à harmoniser leurs comportements, leurs postures, leur façon de parler ou le vocabulaire qu'ils emploient, comme s'ils souhaitaient «huiler» la communication entre eux.

Nous pratiquons tous, à des degrés divers et de manière inconsciente, cette forme de concordance spontanée. C'est le signe d'une relation de qualité et d'une confiance partagée. «Nous sommes faits pour nous entendre. Je te respecte et te comprends. La preuve: j'agis comme toi.»

Faites l'expérience suivante sans vous préparer. À un certain moment que vous choisirez sans en aviser l'autre, par exemple, au cours d'une discussion ou d'une soirée, reproduisez de façon consciente, mais avec tact et respect, un comportement, une attitude ou un mode de fonctionnement de votre partenaire. Ce peut être la position de ses bras ou de ses jambes, son port de tête, le rythme de sa respiration, le débit de ses phrases ou son humeur du moment, sa logique de pensée... Agissez avec finesse. Votre partenaire ne doit pas se rendre compte de votre imitation. Il ne s'agit pas de le singer, mais de vous mettre tous les deux sur la même longueur d'onde.

Que constatez-vous? Quels enseignements pouvez-vous en tirer?

44
Un ange passe

La nature a, paraît-il, horreur du vide. Nous sommes dans le même cas. Allergiques au silence, nous excellons, pour la plupart, dans l'art du remplissage et du bruit. Sans doute parce que, dans notre esprit, le silence signifie l'absence, le refus ou la mort. Nous limitons sa durée à une minute et nous le réservons aux hommages funèbres. Pourtant, un vrai bon silence est sain et régénérateur. Il nous permet de réfléchir, de méditer ou de faire le vide dans notre esprit.

Pendant une journée où vous serez seul avec votre partenaire, imposez-vous de ne pas prononcer un seul mot et trouvez d'autres modalités pour vos échanges : gestes, sourires et regards, par exemple. Prenez plaisir l'un et l'autre à savourer ces moments de grâce et ralentissez également la course de vos mouvements, comme si vous étiez en apesanteur. Endormez-vous sans avoir fait vibrer vos cordes vocales et réveillez-vous le lendemain en chantant. Que ressentez-vous l'un et l'autre à l'issue de cette expérience ?

AIMER, REGARDER

C'est le regard qui crée la communication. D'ailleurs, lorsque nous ne connaissons pas quelqu'un, la première chose que nous échangeons avec lui, c'est un regard. Et nous pressentons, grâce à cette action toute simple, quelle sera la tonalité de notre premier contact. La qualité du regard est un des secrets du bonheur en couple : comment regardons-nous l'autre ? Comment se sent-il regardé par nous ? Au fil du temps, notre regard se dégrade-t-il ?

Usant d'un véritable langage silencieux, nos yeux «parlent», extériorisent nos pensées, nos sentiments profonds, nos émotions et donnent de l'éclat à notre parole. Lorsque nous sommes heureux, amoureux, notre iris pétille. Lorsque nous mentons, nos pupilles ont tendance à se dilater. Nous écarquillons les yeux pour montrer notre surprise, tandis que nos paupières se plissent quand nous faisons preuve d'une écoute attentive. Peur, colère, timidité ou défi sont également lisibles dans notre regard.

Sommes-nous visuellement attentifs à l'autre ? Savons-nous user de cette force de séduction et d'ensorcellement liée au regard ? Portons-nous des regards d'amour l'un sur l'autre ? Nous souhaitons que ce chapitre vous aide à essuyer vos lunettes !

45

Les yeux dans les yeux

Si vous deviez caractériser la façon dont vous percevez habituellement le regard de votre partenaire sur vous-même, en utilisant deux ou trois adjectifs de la liste suivante – que vous pouvez librement prolonger –, lesquels choisiriez-vous?

chaleureux	fuyant
attentif	distant
respectueux	froid
gratifiant	inquiétant
disponible	critique
rassurant	malveillant
amoureux	méchant
	…

Sur quelles expériences vous fondez-vous pour faire vos choix?

Êtes-vous fier du regard que votre partenaire porte sur vous, vous sentez-vous aimé ou vous arrive-t-il, au contraire, d'en avoir peur? À quels moments? Quels effets cela a-t-il sur vous?

Faites ce petit examen chacun de votre côté et offrez-vous vingt minutes pour en parler gentiment, sans vous adresser le moindre reproche. Nous comptons sur vous.

46

Regards bavards

Asseyez-vous face à face sur des chaises qui sont à une distance maximum de 1,30 mètre l'une de l'autre. Munissez-vous de la liste ci-dessous et faites le jeu tour à tour et en prenant votre temps. Si vous avez quelque chose sur le feu, arrêtez le feu ou remettez le jeu à plus tard.

Il va s'agir pour vous de regarder votre partenaire comme s'il était quelque chose ou quelqu'un d'autre. À lui de deviner qui ou quoi en consultant la liste qui suit:

- un bébé;
- un chat;
- un coucher de soleil;
- l'être le plus cher au monde;
- un gâteau à la Chantilly;
- la Joconde;
- un martien;
- un meurtrier prêt à tuer;
- une personne exécrable;
- un singe.

Un regard en dit parfois long sur nos pensées et sur la manière dont nous percevons notre partenaire. Additionnez vos points. Quels sont vos résultats respectifs?

47
Le jeu
des différences

Sommes-nous au quotidien vraiment attentifs l'un à l'autre? Pouvez-vous, par exemple, nous décrire les vêtements que portait votre partenaire à huit heures, ce matin, lorsqu'il vous a quitté pour se rendre à son travail? Vous souvenez-vous de sa coiffure, de ses bijoux? Sans vouloir vous offenser, permettez-nous d'avoir quelque doute sur la question.

Très souvent, nous sommes absorbés par des tâches routinières qui nous déconnectent de la réalité quand elles ne nous trompent pas, purement et simplement. Ainsi pouvons-nous être persuadés que notre chéri portait ce matin un ensemble trois pièces fuchsia, alors que l'ensemble en question n'a pas quitté sa garde-robe depuis une bonne quinzaine.

Alors, comment apprendre à être sensible aux petits détails? En regardant véritablement l'autre, non pas comme un objet faisant partie du décor, mais comme la personne que l'on aime et à laquelle on prête la plus grande attention.

Voici un petit jeu qui vous permettra d'affûter votre regard. Installez-vous face à face dans votre salon et observez-vous l'un et l'autre pendant une trentaine de secondes. Ensuite, tournez-vous le dos ou isolez-vous quelques instants et modifiez trois petites choses dans votre mise: vêtement dégrafé, bijou disparu, chaussure délacée, etc. En observant l'autre pendant une minute seulement, chacun doit identifier ce qui a changé chez son partenaire.

Faites plusieurs manches. Comptez vos points et prévoyez un gage amoureux pour le perdant.

48 | *Commerce avec le diable*

Il n'y a sans doute rien de plus humiliant, rien de plus destructeur que d'avoir le sentiment de ne plus exister dans le regard de l'autre. Cela correspond-il à une réalité? Est-ce juste une impression? Il n'empêche que, au-delà des difficultés classiques de communication, ce que l'on croit lire sur soi dans les yeux de l'autre revêt une importance capitale pour l'estime que nous nous portons à nous-même et pour la relation que nous entretenons avec notre histoire à deux. Est-ce que tu m'aimes encore dans tes yeux? La question est primordiale et n'appelle aucune réponse verbale: ce que je vois suffit à m'éclairer.

Pour une fois, permettez-nous de commercer avec le diable. Nous allons manier le paradoxe en vous demandant de tenter l'expérience suivante:

Pendant une journée que vous passerez ensemble, du matin au soir, vous allez regarder votre partenaire comme s'il s'agissait d'un meuble. C'est-à-dire qu'à aucun moment vos regards ne se poseront sur lui. Vous éviterez à tout prix de croiser ses yeux. Il fait partie de votre environnement et vous n'y attachez pas plus d'importance que cela.

Faites cet exercice ensemble et livrez-vous au petit jeu des questions-réponses en fin de soirée.

Qu'avez-vous ressenti l'un et l'autre? Qu'est-ce que ce jeu vous inspire comme réflexion?

49
Séance photo

Photographier votre partenaire, c'est lui offrir votre propre regard sur sa personne, choisir un cadre, une distance, une focale, un angle, une lumière, pour la prise de vue, mais aussi une expression, un rayonnement dans le visage ou une attitude corporelle qui vous enchantent. C'est saisir et isoler un reflet – pas n'importe quel reflet, mais celui que vous avez sélectionné parmi des milliers d'autres possibles – et donner à voir ce reflet à l'être cher. Il y a un aspect doublement magique dans la photographie : être caressé, capté par l'œil de l'autre et aussi pouvoir poser son propre regard sur ce qui est finalement une interprétation. Un « soi-même » vu par l'autre.

Il est courant qu'au début de la relation, les personnes qui vivent en couple aiment se photographier sous toutes les coutures, prendre la pose pour livrer leur image à l'appétit visuel de leur partenaire. Mais, petit à petit, on oublie l'appareil photo, on égare les pellicules ou l'on se résigne : « À quoi peut bien servir de photographier celui ou celle dont on partage quotidiennement la vie ? »

Selon nous, ces négligences peuvent être réparées avec les plus grands bénéfices pour votre vie amoureuse. Sans généraliser cette pratique, ce qui deviendrait bien vite ennuyeux, et à des moments choisis, photographiez-vous de pied en cap, le visage, les mains, le corps, nus, habillés, déguisés, en fait, comme bon vous semble, et rangez vos photos dans un album où vous pourrez ajouter des légendes poétiques ou drôles.

Avec le temps, vous prendrez grand plaisir à vous replonger dans l'alchimie des images que vous avez créées.

CASSER LA VAISSELLE

«Quel beau couple! Pas un mot plus haut que l'autre; jamais une vague. Je rêve de vivre une histoire comme la leur.» Ne vous est-il jamais arrivé de dire ou de penser cela, à propos d'un couple de votre environnement qui vous semblait idéal? Et n'avez-vous jamais été surpris par le fait que, à l'étonnement général, ces personnes divorçaient tout aussi régulièrement que les autres?

Nous avons tendance à penser qu'une relation amoureuse qui fonctionne bien est une relation qui ne fait pas de bruit. Si nous nous disputons, c'est que notre couple va mal, que la communication ne passe plus. Ah! Ces fameux problèmes de communication. Ils sont à la fois, la clé, la serrure et la porte…

En présence de querelles, de réactions de colère, de simples désaccords ou de conflits plus graves, nous ne savons pas toujours comment agir. Les attitudes et les comportements que nous adoptons ne font souvent qu'envenimer les choses. Pourtant, la vie commune n'a rien d'un long fleuve tranquille et minimiser les conflits est tout aussi ravageur que de les dramatiser.

Vous découvrirez dans ce chapitre qu'au fond, ce ne sont pas les conflits en eux-mêmes qui posent problème, mais bien davantage, ce que nous en faisons.

Mise au point | 50

Quand un différend vous oppose à votre partenaire, comment les choses se passent-elles généralement ? Sélectionnez les propositions qui vous semblent le mieux correspondre à ce que vous ressentez personnellement, quand le temps est à l'orage.

Vous adoptez tous les deux un fonctionnement en miroir – pas question de lâcher prise ! – et vous vous lancez dans une escalade interminable jusqu'à l'épuisement ou la rupture provisoire.

L'un de vous deux se soumet au désir de l'autre sans avoir pu exprimer sa propre vision des choses et…

- cela ne lui pose pas de problème particulier ;
- cela le frustre et lui donne des envies de revanche.

L'un de vous deux embobine son partenaire, tente gentiment de noyer le poisson, mais ne manque pas de tirer son épingle du jeu. Les effets d'une telle pratique sur l'autre sont…

- inopérants ;
- destructeurs ;
- explosifs.

- La plupart du temps, vous vous en tenez à l'objet même du désaccord.
- Il vous arrive fréquemment de déraper et de dire des choses qui n'ont aucun rapport avec le problème, mais cela vous permet de vider votre sac.
- Chez vous, le conflit apparent n'est qu'un prétexte, la partie émergée de l'iceberg.
- Vous êtes capable du pire pour des futilités.

Faites le point et engagez un dialogue sur votre rapport aux conflits dans votre couple. Êtes-vous tous les deux satisfaits de la façon dont vous réglez les problèmes ou bien devez-vous procéder à des ajustements?

Troisième voie | 51

Choisissez une situation simple, mais qui peut devenir conflictuelle dans votre couple. Par exemple, l'un d'entre vous souhaite regarder un combat de boxe à la télévision, l'autre une série à l'eau de rose ; l'un désire acheter une nouvelle voiture, l'autre faire une croisière dans les îles grecques, etc. Vous allez mettre en scène, à trois reprises, un échange de cinq minutes sur le thème choisi en adoptant deux positions contraires.

1re manche
L'un de vous deux dramatise le conflit, l'extrait de son contexte, généralise la situation, ressort de vieilles querelles…

2e manche
L'un de vous deux minimise le conflit, tente de manipuler l'autre pour imposer, dans la douceur apparente, sa vision ou son choix personnel.

3e manche
Vous essayez de trouver, ensemble, une solution satisfaisante, une troisième voie pour sortir du désaccord sans qu'aucun de vous deux n'y laisse une plume.

Ce jeu de simulation fait apparaître trois réactions, trois attitudes possibles, en situation de conflit. Dans le premier cas, le désaccord sert de levier pour envenimer les choses. Il révèle des troubles dans la relation et fait réapparaître des conflits non résolus. Dans le deuxième cas, la manipulation est à l'œuvre. Il s'agit, pour l'un des protagonistes, de gagner contre l'autre en utilisant des techniques de manipulation. L'effet boomerang ne tarde pas, en général, à opérer. Le troisième cas représente la réponse à privilégier pour sortir sainement du conflit.

Après l'exercice, exprimez tous les deux vos sentiments. Vous pouvez opter pour quelques mesures simples pour améliorer le traitement des conflits dans votre couple.

Mises en scène 52

Parler de ses problèmes de couple n'est pas toujours quelque chose de facile. Souvent, nous nous sentons impuissants et nous avons peur que le remède soit pire que le mal. En revanche, mettre en scène des situations, qui ne sont pas nécessairement celles que nous vivons, peut nous aider à développer notre aisance relationnelle, à comprendre ce qui se passe dans la tête de l'autre et à transférer ces apprentissages dans notre quotidien.

Munissez-vous d'un dé et jouez les scènes suivantes à tour de rôle dans l'ordre de leur tirage. Dans un premier temps, vous pouvez limiter le jeu à un ou deux tirages et privilégier le dialogue. Faites comme bon vous semble. Attention, le fait que votre partenaire ait déjà expérimenté un scénario ne vous dispense pas de le jouer à votre tour si le hasard en décide ainsi…

1. Vous surprenez votre partenaire en train d'échanger des mots épicés avec un inconnu, sur Internet.
2. Depuis trois mois, votre partenaire ne veut plus faire l'amour avec vous.
3. Aujourd'hui, pour la première fois, votre partenaire a levé la main sur vous.
4. Votre partenaire rentre une nouvelle fois ivre de sa soirée à l'extérieur.
5. Votre partenaire vous quitte sans préavis. Vous demandez des explications.
6. Votre partenaire a eu une relation sexuelle avec votre meilleur ami.

Inventez les arguments et les détails nécessaires au jeu et ne faites pas une affaire personnelle des situations proposées. Si vous êtes victimes d'un dérapage, arrêtez immédiatement l'expérience. Vous vous interrogerez plus tard sur les raisons qui vous ont amenés à en arriver là.

53
Évocation

Faites cet exercice, seul avec vous-même, à une période où tout va bien dans votre couple. Pour faire cet exercice, vous devez disposer d'un moment de calme de trente minutes minimum. Commencez par lire cette page au complet. Ensuite, allongez-vous sur le sol, fermez les yeux et imprégnez-vous du scénario suivant, que vous pouvez librement accommoder pour qu'il se rapproche de votre réalité. Cette évocation fonctionne en trois temps.

Il est vingt heures. Votre partenaire devrait être rentré du travail depuis deux heures et il ne vous a pas informé de son retard, ce qui est contraire à son habitude. Son téléphone cellulaire vous renvoie inlassablement vers sa messagerie et vous avez eu confirmation, par des collègues, qu'il avait bien quitté son bureau à l'heure habituelle et qu'il ne semblait pas particulièrement préoccupé au moment de son départ.

Imaginez-vous dans cette situation et laissez monter vos émotions. Prenez votre temps. Comment vous voyez-vous agir ? Qu'allez-vous faire ?

Vingt et une heures. On sonne à la porte. Vous ouvrez. Ce sont deux policiers. Un grand maigre aux moustaches rousses et un plus petit, dégarni. Ils vous demandent si vous êtes bien la personne avec qui vit votre partenaire. Ils ont l'air très embarrassés.

Représentez-vous visuellement ces personnages devant vous. Que ressentez-vous à cet instant précis ?

Le policier dégarni finit par vous avouer que votre partenaire…

Inventez l'issue – dramatique ou heureuse – de cette évocation et déroulez-en calmement le scénario dans votre conscience.

Faites ensuite, en pensée, un rapide bilan. Quelles sont les émotions qui ont été au rendez-vous ? Quels enseignements cet exercice vous a-t-il apportés concernant votre attachement à votre partenaire ?

54 *Grosse colère*

Vous est-il déjà arrivé de souhaiter que votre partenaire disparaisse purement et simplement de votre vie, voire de la surface du globe ? Faites un effort de mémoire. Si vous avez un tel souvenir, pouvez-vous nous dire ce qui a provoqué une telle rage, une telle lame de fond en vous ?

- Vous vous êtes senti manipulé ou trahi par votre partenaire.
- Il vous a humilié.
- Son comportement vous a fait éprouver de la culpabilité ou de la honte.
- Entre ce que vous rêviez d'être et l'image que l'autre vous renvoyait, il y a souvent tout un monde.
- Votre partenaire vous a placé devant un choix insoluble.
- La cohabitation vous était insupportable.

Essayez de visualiser la situation, de vous remémorer les mots, les images, les odeurs, les personnes présentes, s'il y en avait. Qu'avez-vous ressenti par la suite ? Comment les choses sont-elles revenues sous des cieux plus paisibles ? Quels sont, à votre avis, les compétences, les facultés ou les talents dont vous avez fait preuve pour soigner votre colère ? Quels sont ceux qui vous ont sûrement fait défaut ?

55

Qui a commencé?

En cas de conflit dans notre couple, avez-vous observé que, quel que soit l'objet de la discorde, nous considérons généralement notre partenaire comme le principal responsable de la situation? Aussi attendons-nous, fort logiquement, qu'il reconnaisse ses torts et se confonde en excuses, puisque tout est sa faute! Mais voilà, il découpe, de son côté, la séquence qui aboutit au désaccord, selon sa propre grille de lecture, et nous rend coupable des faits que nous-même lui reprochons. C'est une affaire sans queue ni tête!

Rappelez-vous votre dernière dispute:

- Sur quel point de communication vous êtes-vous appuyé pour estimer que votre partenaire avait tort?
- Quel point de vue a-t-il adopté, de son côté, pour renvoyer la balle dans votre camp?
- En quoi, selon vous, ses arguments étaient-ils moins lourds que les vôtres?
- En quoi pouvait-il, pour sa part, considérer qu'il avait un peu plus raison que vous?

En fait, décider qui de nous deux a tort et qui a raison, qui dit la vérité et qui ment ne présente pas vraiment d'intérêt. Inscrivez plutôt sur un morceau de papier des formules comme «nous avons tous les deux raison» ou, de façon plus symbolique, «le serpent se mord la queue». Et conservez ce «mantra», dans votre poche, pour vous recadrer quand les choses tournent au vinaigre!

56

Des excuses
programmées

La formulation des excuses est moins douloureuse que l'arrachage de dents et beaucoup plus valorisante pour la bouche de qui les fait. Il ne s'agit pas de se mettre à genoux ni de se livrer à un rituel d'autoflagellation et de destruction de soi, mais bel et bien d'énoncer gentiment que nous avons contribué à la dégradation de notre relation, que nous en sommes désolé et que nous avons besoin, tous les deux, de nous aider et de nous comprendre. Souhaiter prendre soin de son couple, c'est refuser de juger l'autre ou de le critiquer, mais le traiter avec compréhension et bienveillance.

Qui va prononcer des excuses conçues comme des paroles d'amour ? Au fond, peu importe, puisque personne n'a raison plus que l'autre et que le ping-pong verbal nous fait tourner en rond. Voilà pourquoi nous vous proposons d'instaurer la règle suivante dans votre couple : lorsque vous avez, l'un ou l'autre, identifié une souffrance dans votre relation, décidez que c'est le calendrier qui tranchera ! Pour les conflits survenant en semaine paire, vous aurez la responsabilité de faire des excuses à votre partenaire, quelles que soient la nature, la cause et les conséquences du différend. Il assumera, quant à lui, la même tâche en semaine impaire.

Présentées de cette manière, les choses peuvent vous paraître simplistes. Vous constaterez à l'usage qu'il n'en est rien. Mais attention, respectez la règle à la lettre. Même si vous êtes persuadé d'être dans votre bon droit, formulez, sans discuter, vos excuses si c'est votre tour de le faire, selon le calendrier.

Stop ! 57

Dans nos démêlés interminables pour savoir qui de nous deux a commencé, nous finissons par nous accuser mutuellement de mauvaise foi, par nous sentir victime de l'autre et par éprouver de la colère ou de la rancœur. Comment faire pour éviter le cycle infernal du «qui a commencé» et désamorcer les escalades improductives dans notre couple? Voici une technique dont l'efficacité n'a d'égale que la simplicité. Convenez d'un mot, d'une courte phrase ou d'une onomatopée que vous prononcerez l'un ou l'autre quand la situation dérapera ou que vous vous sentirez blessé par votre partenaire. Le signal sera immédiatement perçu comme un STOP par vous deux. Il impose que vous posiez vos valises, même lourdement chargées, que vous débranchiez votre pilote automatique et que vous suspendiez sur-le-champ vos échanges verbaux.

Prenez-vous les mains, regardez-vous dans les yeux ou bien préparez du thé pour deux et passez à autre chose. Vous reviendrez un peu plus tard, à tête reposée, sur l'objet de votre litige. Quoi qu'il en soit, évitez de vous coucher fâchés l'un contre l'autre. C'est très mauvais pour le sommeil et cela annonce une journée sombre pour le lendemain. Trouvez-vous quelque plaisir à vous gâcher la vie?

58

Pierre, ciseau, feuille

Un certain nombre de décisions que nous devons prendre ensemble ne jouent pas un rôle déterminant pour notre couple et il est souvent improductif de discuter pendant des heures pour savoir s'il est préférable d'aller dîner dans un restaurant grec plutôt que d'extraire un plat de moussaka surgelée du congélateur.

Dans de telles situations, nous nous engageons dans des scénarios répétitifs qui peuvent très vite, la fatigue et les frustrations aidant, dégénérer en jeux parfaitement conflictuels et stupides, à défaut d'être anodins. Nous avons plus simple !

Si vous êtes d'accord sur le principe, adoptez, comme les enfants, la méthode pierre-ciseau-feuille pour prendre les décisions qui vous posent problème :

- La pierre (poing fermé) brise le ciseau.
- Le ciseau (index et majeur ouverts en V) coupe la feuille.
- La feuille (main à plat) enveloppe la pierre.
- Attention 1, 2, 3… Exprimez par un geste le symbole choisi pour connaître le gagnant. C'est aussi facile que cela, on gagne du temps et bien des discussions inutiles sont évitées. La méthode n'a rien de démocratique, mais elle est expéditive et permet de dédramatiser en riant de simples désaccords de principe.

À propos, qu'est-ce qui vous pousse à vous chamailler pour des broutilles ?

RECOLLER LES MORCEAUX

Comment se disputer sans se détruire ou s'infliger des blessures parfois longues à cicatriser? Comment conserver l'estime de soi-même et le respect de son partenaire sans qu'aucun de nous ne perde la face? Peut-on envisager de se confronter ou vaut-il mieux prendre de la distance pour un temps?

Dans le même ordre d'idées que celui du chapitre précédent, nous vous proposons à présent quelques pistes pour faire le point sur votre univers relationnel, émettre des ondes positives en direction de votre partenaire et retrouver confiance l'un dans l'autre. Ces exercices devraient vous permettre de limiter vos transactions répétitives, souvent inappropriées, pour aller vers des échanges authentiques et une meilleure connaissance de l'autre.

59

Un morceau de savon dans le trou du lavabo

Chacun de votre côté, prenez une feuille de papier au milieu de laquelle vous tracerez un trait vertical la partageant en deux. En haut, dans la colonne de gauche, inscrivez « J'ai du mal à supporter », dans celle de droite « Cela m'enchante ». Ensuite, donnez-vous le temps nécessaire pour réfléchir aux trois facettes que vous avez le plus de mal à supporter dans l'univers relationnel de votre couple. Utilisez le pronom « je » pour prendre en charge ce que vous dites et n'accusez pas systématiquement votre partenaire d'être responsable de votre insatisfaction. Un morceau de savon peut boucher votre lavabo, mais il n'est pas en cause dans le fait que le tuyau soit trop étroit pour permettre son passage. Ne portez donc aucun jugement, ne donnez aucune explication et n'apportez aucun argument pour étayer vos propos. Dites ce que vous avez du mal à supporter. C'est tout !

Faites de même avec ce qui vous enchante, dans la colonne de droite.

Dans un second temps, échangez vos papiers. Accordez-vous quelques minutes pour lire le travail de votre partenaire. Vous allez ensuite, chacun votre tour, utiliser ses réflexions, une par une, et dans l'ordre qui vous plaira en bâtissant vous-même une argumentation pour les confirmer du mieux que vous pouvez.

Commencez invariablement chacune de vos interventions par «j'ai du mal à supporter…» ou «cela m'enchante…» et improvisez la suite en chaussant les lunettes de l'autre. Soyons clairs: il ne s'agit pas de répéter ce que vous pourriez l'entendre dire, mais bien d'essayer de ressentir ce qu'il ressent et de l'exprimer de manière authentique.

Une consigne absolue: il faut toujours rester dans la peau de l'autre pendant toute la durée du jeu. Les commentaires personnels sont à proscrire. Et si vous le souhaitez tous les deux, un dialogue serein pourra faire suite à ce jeu.

Distances | 60

Lorsque nous percevons la compagnie de notre partenaire comme quelque chose qui va de soi et qui s'inscrit dans l'ordre habituel, nous oublions peu à peu d'apprécier la saveur exquise de sa présence. La lassitude nous gagne, la qualité de notre regard décline et nous perdons notre sens de l'émerveillement. Il est là, à côté de nous et ça nous paraît très naturel. Pourtant, très souvent, être loin des yeux ouvre le cœur et, pour jouir pleinement de l'existence de l'autre à nos côtés, il est souvent salutaire d'instituer, de temps à autre, un peu de distance physique ou symbolique entre lui et nous. C'est notamment valable en cas de querelle.

Faites les expériences suivantes :

- Pendant une semaine, n'utilisez que le vouvoiement dans vos échanges et prévoyez un gage amusant pour toute dérogation. Cette pratique permet de rompre avec la routine et de modifier notre regard sur la personne que nous aimons.

- Autorisez-vous régulièrement de brèves séparations. Paradoxalement, le fait de vous accorder quelques jours de coupure, même quand votre relation est au beau fixe vous rapprochera l'un de l'autre et vous permettra de mesurer l'importance de votre attachement.

61 *Partir en promenade*

Dans le couple, traiter les conflits sur-le-champ est tout aussi dommageable que de les renvoyer aux calendes grecques. Pris sous le feu de la colère ou dans les glaces de l'abattement, nous ne sommes pas immédiatement en mesure de nous écouter et de comprendre la souffrance que nous nous infligeons. Aussi vaut-il mieux attendre quelques heures, le temps que les nuages se dissipent.

Vous pouvez régler un certain nombre de problèmes dans votre couple en marchant simplement, côte à côte, et en limitant vos propos. Les bouddhistes pratiquent une activité assez proche nommée «la marche consciente», pour entrer en contact avec eux-mêmes et avec leur environnement. Les pas entraînent la pensée qui se construit à mesure que l'on déroule son chemin. N'hésitez donc pas à prendre celui de la réconciliation, quelques heures après votre dispute.

Marchez au même rythme. Après un temps de silence, prenez-vous la main (le geste est sans aucun danger); parlez peu et très doucement. Efforcez-vous de ralentir le débit de votre parole et d'échanger des messages pacificateurs du genre: «Je ne me sens pas bien parce que je suis en colère. Je veux faire des efforts pour construire une vie souriante avec toi. Je ne peux pas y parvenir sans ton aide.»

Si la pression est vraiment trop forte, adressez-vous une lettre pour exprimer, par écrit, ce que vous n'êtes pas sûr de pouvoir dire de vive voix.

62
Bienvenue chez nous

L'amour et les douceurs de la table entretiennent des rapports de proximité liés au regard, à la mémoire olfactive et au bonheur de l'oralité. « Je t'aime, je te mange. Je te mange parce que je t'aime. Je t'aime parce que je te mange. » Notre libido gravite autour de ce besoin archaïque d'incorporation du monde et des autres.

Ce soir, un invité de marque vient dîner chez vous. Devinez qui ? Votre partenaire ! Vous avez préparé, avec l'habileté et la délicatesse qui vous caractérisent, les mets les plus raffinés pour séduire ses papilles. Crevettes grillées au gingembre, pâté de foie gras parfumé de truffes, coupes de fruits rouges, le tout arrosé de vin vieux… À vous de concevoir les recettes qui raviront votre chéri. Procédez tranquillement. Il est tout à fait plaisant de savourer le temps passé pour faire plaisir à l'autre.

Invitez votre partenaire à vous laisser seul dans la maison pendant les préparatifs et fixez-lui rendez-vous pour le dîner. Un peu avant l'heure dite, mettez-vous sur votre trente et un, allumez les bougies et lancez une musique en sourdine. Lorsqu'il sonnera à votre porte, embrassez-le, acceptez les fleurs ou le petit cadeau qu'il ne manquera pas de vous offrir et accueillez-le avec retenue, comme si vous vous rencontriez pour la première fois dans l'intimité. Votre partenaire veillera, de son côté, à se comporter comme un invité poli et distingué, à vous complimenter pour vos talents culinaires, etc.

Vous pouvez broder à volonté autour de cette idée particulièrement régénérante pour le couple. L'idéal serait de pouvoir, en permanence, considérer que nous sommes l'invité l'un de l'autre. Ce qui est au fond un principe assez juste : je t'invite dans ma vie comme tu me convies dans la tienne. N'est-ce pas là un gage d'amour véritable ?

63

Communication non violente

Avez-vous remarqué combien les solutions que nous mettons en œuvre dans notre couple, en cas de désaccord ou de conflit, sont souvent inefficaces, douloureuses, voire créatrices d'effets contraires à ceux qui sont recherchés ? On dirait que plus on se parle, moins on s'entend et qu'à force de vouloir avoir raison, on finit par avoir raison... de l'autre.

Communiquer de façon non violente consiste à ne pas juger, évaluer ou analyser ce que notre partenaire fait ou dit, mais à centrer notre attention sur ce que nous-même ressentons, et à faire apparaître nos besoins.

Même si tous les conflits sont différents, vous gagnerez à utiliser dans votre couple la démarche qui suit pour éviter de vous détruire inutilement. Elle est issue des travaux de Marshall Rosenberg, docteur en psychologie clinique et directeur de la formation du centre pour la communication non violente. Quatre temps forts la ponctuent :

1. La description de la situation : que se passe-t-il ?
   « À l'anniversaire d'Annabelle, tu ne m'as pas décroché un traître mot de la soirée. »
2. L'expression des émotions : qu'est-ce que je ressens ?
   « Je me suis senti contrarié. »
3. L'analyse des besoins : qu'est-ce qui est important pour moi ?
   « J'ai besoin de sentir que j'existe à tes côtés. »
4. La formulation d'une demande : qu'est-ce que je souhaiterais à l'avenir ?
   « Pourrais-tu me consacrer un peu plus de temps à l'avenir ? »

Cette démarche rompt avec nos conditionnements traditionnels et désamorce nos réactions habituelles. Elle peut nous permettre de préserver notre relation et de retrouver confiance en notre capacité à sortir des impasses.

Soutra d'amour | 64

Le soutra désigne, en sanskrit, une formule qui exprime un principe ou un enseignement de façon très condensée. Les meilleurs soutras sont ceux que l'on peut épurer au maximum.

Rédigez, en deux ou trois lignes et à l'encre de Chine, votre soutra d'amour sur une bandelette de papier. Utilisez les mots qui vous viennent du cœur et traduisent vos sentiments et votre désir de chérir l'autre de manière authentique. Par exemple :

« Vivre avec toi chaque jour me comble de joie. Nuages ou soleil, j'ai la capacité de t'aimer vraiment et je suis fier de te voir exister à mes côtés. »

Roulez la bandelette de papier dans un petit tube que vous conserverez dans votre poche ou dans un endroit connu de vous seul et relisez votre sou tra en respirant profondément tous les matins. Vous le répéterez de la sorte, chaque fois que vous percevrez de la souffrance dans votre relation. Il vous aidera à prendre conscience de votre affection et à trouver l'apaisement nécessaire à la réconciliation.

65
Mode d'emploi

Peut-être vous arrive-t-il parfois de penser que votre partenaire ne vous comprend pas, qu'il ne sait pas vous prendre ou qu'il manque de considération à votre égard. Il n'y a rien de surprenant dans ce genre d'interprétation parce que nous avons tous tendance à croire que nos attitudes et nos comportements sont en accord avec la façon dont nous nous percevons. Nous pensons être parfaitement lisibles pour les autres, ce qui est un leurre.

Voici donc ce que nous vous proposons pour vous aider à clarifier votre mode de fonctionnement : vous allez rédiger votre propre mode d'emploi. Après tout, n'êtes-vous pas bien placé pour cela ? Attention, il s'agit d'un document pratique qui pourra utiliser tous les langages contemporains : langue écrite, illustrations, données chiffrées, symboles mathématiques, graphiques, etc.

« Vous avez entre les mains le partenaire le plus performant qui soit. Félicitations pour cet excellent choix ! Mais quelques précautions s'imposent… » N'hésitez pas à faire preuve d'humour et d'autodérision. Si vous souhaitez donner une touche professionnelle à votre document, réalisez-le à l'aide d'un outil de publication assistée par ordinateur.

Nous vous proposons de vous inspirer du plan suivant pour composer votre mode d'emploi :

1. Description.
2. Installation.
3. Fonctionnement.
4. Réglages.
5. Entretien.
6. Dépannage.

Échangez votre mode d'emploi avec celui de votre partenaire et abstenez-vous d'accorder une importance excessive aux erreurs de manipulation. En cas de problème, changez le fusible endommagé ou utilisez la garantie !

66 *Confiance aveugle*

Accordez-vous une confiance aveugle à votre partenaire ? Voici un jeu archi-connu qui va vous permettre de faire le point sur cette question. Il peut se pratiquer dans un appartement, lors d'une fête foraine, dans un parc ou une forêt et il nécessite une paire de lunettes opaques ou un foulard épais. Selon l'endroit choisi, vous pourriez vouloir opter pour une version dénudée de ce jeu. Elle procure des sensations encore plus fortes. Nous vous le garantissons !

La situation est la suivante : l'un de vous deux est non-voyant. Il va être guidé par son partenaire avec lequel il ne garde que le contact des doigts sur sa main, sur son épaule ou au creux de ses reins. Il s'agit, pour le guide, de rassurer son coéquipier et de le diriger avec douceur et efficacité pour lui éviter les dangers. Il peut également l'aider à construire des images mentales en lui décrivant le paysage traversé, qu'il soit réel ou imaginaire.

Faites durer l'exercice pendant au moins dix minutes, ce qui est une durée minimum pour que celui qui est privé de la vue puisse décrocher de ses repères et s'en remettre complètement à son partenaire.

Réalisé dans une foule, avec des lunettes auxquelles vous aurez ajouté du ruban adhésif à l'intérieur pour les rendre opaques, ce jeu est particulièrement captivant. Et il en révèle beaucoup sur notre sentiment d'insécurité. Avez-vous réellement confiance en l'autre et en vous-même ? Prévoyez un temps d'échange à la fin de l'exercice.

SE FAIRE COMPLICES

Un peu de folie et de poésie ne saurait vous nuire. Bien au contraire ! Faire des choses qui sortent de l'ordinaire renforce de manière incomparable l'entente spontanée et l'intelligence amoureuse. Mais osez-vous suffisamment sortir de vos rôles traditionnels pour vous lancer, ensemble et sans complexe, dans de nouvelles compositions ? Éprouvez-vous un sentiment de gêne ou d'insécurité lorsqu'il s'agit de vous mettre en scène l'un et l'autre ? Jusqu'à maintenant, vous avez testé un nombre de jeux de créativité et d'improvisation qui doit vous permettre de répondre, sans trop d'hésitation, à ces questions. Où en êtes-vous ?

« C'est à partir de toi que j'ai dit oui au monde. » Cette magnifique déclaration amoureuse, que l'on doit au poète français Paul Éluard, nous éclaire sur une autre dimension du couple : la possibilité de nous coproduire, de nous transformer, de nous « remettre » au monde. Osez les jeux complices qui composent ce chapitre et vous vous verrez sous un autre jour !

Mon amour pour toi

67

Voici un petit jeu d'improvisation qui nécessite quelque aisance personnelle. Mais si peu qu'il ne devrait pas vous poser de problème.

Vous êtes agenouillé devant un coffret imaginaire posé au sol. Si cela peut vous aider, matérialisez cet objet, par exemple à l'aide d'une boîte en carton ou d'un sac de voyage. Votre partenaire se tient en retrait et vous observe. Il s'engage à faire preuve d'écoute et de compréhension. Il est entendu que les jugements, évaluations, moqueries ou analyses défensives sont parfaitement indésirables. Vous inverserez les rôles juste après, ou quelques jours plus tard, selon la formule qui vous convient le mieux.

Ce coffret symbolise votre amour pour l'autre et vous allez faire mine d'extraire et de décrire, un à un et à haute voix, tous les objets, concrets ou abstraits, tous les souvenirs marquants qui sont contenus à l'intérieur. Laissez vagabonder votre imagination sans vous censurer. Il s'agit d'un jeu d'amour, pas d'une interrogation écrite. Exprimez-vous calmement, avec tendresse. Savourez le plaisir des mots que l'on prononce.

Pour amorcer le jeu, utilisez la phrase suivante : « Dans mon amour pour toi, il y a… » et commencez votre inventaire. Gardez le sourire. Vous pouvez faire des pauses, vous donner un temps de réflexion et vous interrompre dès que vous pensez avoir exploré de façon significative l'étendue de votre amour.

Ce jeu est souvent une découverte pour celui qui écoute. «Tiens, il se souvient de cela, cet événement l'a marqué, il a été sensible à tel geste ou tel comportement de ma part.» Nous pensons généralement tout connaître de la personne avec qui nous vivons. Naturellement, il n'en est rien. Même si nous partageons son intimité, l'autre ne peut jamais être transparent. Il conserve une part de mystère, et c'est ce qui fait sa richesse et son charme.

68
Deux inconnus

Jouer à se comporter en public comme si l'on était deux inconnus l'un pour l'autre est d'une rare délectation. Cette pratique secrète renforce l'intimité du couple. Sans doute passerez-vous à côté d'un plaisir réel si vous négligez ce jeu pour d'obscures raisons qui pourraient tenir, entre autres, à l'idée que vous vous faites de la décence, de la pudeur ou parce que vous éprouvez un sentiment de culpabilité. Un grain de folie ne saurait nuire !

Peu importe l'endroit que vous choisirez : terrasse de café, grande surface commerciale, cocktail, musée, parking ou hall de gare. La scène est plaisante où qu'on la joue…

Vous pouvez vous entendre au préalable sur la scène que vous voudrez préparer ou improviser selon votre humeur et votre inspiration du moment. Ce deuxième choix peut vous révéler bien des surprises et vous apprendre à vous redécouvrir l'un l'autre.

Pour un premier essai, puisez au besoin parmi les scénarios que nous apprécions plus particulièrement pour leur dimension érotique et la joie qu'ils engendrent.

Jeux de séduction

Regards à la dérobée dans un bar et tentatives d'approche maladroites.

Jeux de frôlements et de dérobade dans une exposition de peintures.

Séquence de drague à l'italienne.

Jeux d'opposition

Bousculade suivie d'une querelle verbale.

Mutisme de l'un, malgré les efforts de l'autre pour engager le dialogue.

Demande de renseignements suivie d'un échange verbal glacial.

Passer devant les autres dans une file d'attente.

Nous vous devons toutefois une mise en garde : n'oubliez pas que les personnes qui vous entourent ignorent tout de votre stratagème amoureux. Efforcez-vous de ne pas en faire trop pour éviter des interventions extérieures non souhaitables et concluez sur une note agréable.

69

L'amour, c'est comme une nouvelle paire de lunettes

Les métaphores sont des procédés de langage qui consistent à croiser deux termes, deux contenus qui appartiennent à des univers de sens différents. De cette intersection émerge une nouvelle vision qui nous semble familière. Elle va enrichir notre compréhension des choses et permettre à notre pensée d'évoluer.

Amusez-vous ensemble à la pêche aux métaphores. C'est excellent pour les neurones et cela permet de renforcer notre intelligence de l'autre. Cherchez, par exemple, à établir des comparaisons sur le thème de l'amour. Commencez par les mots : « L'amour, c'est comme… » Laissez votre créativité prendre son envol sans contraindre votre réflexion. Pour vous éclairer, voici trois métaphores de notre cru. Inventez-en d'autres !

L'amour, c'est comme une nouvelle paire de lunettes. Au début, il faut s'y habituer, mais le monde nous paraît tellement resplendissant… À la longue, on finit par ne plus y penser, on l'égare un peu n'importe où et il nous faut parfois un bon bout de temps avant de remettre la main dessus.

L'amour, c'est comme une étoile lointaine qui nous ferait les yeux doux et dont nous serions le sourire.

L'amour, c'est comme apprendre à faire de la bicyclette : nous avons tellement peur de ne pas y arriver que nous hésitons à nous lancer. Par la suite, nous sommes grisés par la sensation et nous n'avons plus envie que cela s'arrête. Et nous préjugeons souvent de nos forces.

Consignez vos métaphores dans un petit carnet que vous prendrez grand plaisir à feuilleter de temps à autre.

Les métaphores que nous utilisons dévoilent un pan de notre personnalité. Elles guident nos pensées et nous aident à exprimer plus facilement ce que nous ressentons, mais elles peuvent aussi, si nous n'y prenons garde, enfermer notre réflexion dans des grilles un peu étroites.

70

Le monde
à l'envers

«Je serais toi et tu serais moi…» Nous vous proposons dans ce jeu une inversion des rôles qui rappelle la joyeuse période du carnaval, au cours de laquelle les règles de la réalité quotidienne sont momentanément suspendues pour que chacun puisse laisser libre cours à ses fantasmes de métamorphose. Nous sommes persuadés que de telles périodes de rupture dans un couple peuvent être salutaires pour se comprendre, s'enrichir mutuellement et dédramatiser la relation. Toutefois, n'expérimentez pas ce jeu si vous vivez un conflit ou si ses règles vous indisposent. Voici de quoi il s'agit.

Pendant un temps où vous serez tous les deux seuls, déguisez-vous l'un et l'autre en votre partenaire et glissez-vous dans sa peau. Endossez ses vêtements et adoptez ses attitudes, ses comportements, ses manies, sa façon de rire et de parler… Apprenez à vous moquer gentiment des travers de votre chéri, mais reproduisez également ce qu'il y a de doux et de lumineux en lui. Il fera la même chose pour vous.

N'ayez aucune crainte. Ce jeu est sans risque pour vos caractères sexuels propres et si vous retournez vite dans votre peau après l'avoir expérimenté, c'est qu'il vous a éclairé sur un pan de votre personnalité que vous réprimiez. Faites durer l'expérience le temps qu'il vous plaira et penchez-vous sur ce qu'elle vous apporte à titre personnel et dans le cadre de votre relation amoureuse.

71 | *Remue-méninges*

Nous sommes fréquemment portés à croire qu'il n'existe qu'une seule bonne réponse à une question que nous nous posons, une seule manière de procéder quand nous sommes face à un problème à résoudre. Cette habitude d'esprit, qui nous porte à la pensée unique, handicape très sérieusement notre intuition créatrice et nous porte à faire «toujours plus de la même chose».

Voici un exercice qui devrait vous permettre de rompre avec votre mode de fonctionnement classique et de découvrir la richesse de votre couple. Le remue-méninges en duo fonctionne de la manière suivante : il s'agit, à partir d'un point de départ, de mettre en place une démarche de créativité en associant ses pensées à celles de l'autre et en jouant avec les mots.

Chacun lance ses idées en s'interdisant de discuter, de juger ou d'analyser ce que son partenaire a déjà proposé. Le but est de produire un maximum d'éléments en ne portant aucun jugement et sans s'imposer la moindre barrière. Farfelues, cocasses ou étranges, toutes les idées sont bonnes à dire. Enregistrez-vous au magnétophone pour vous affranchir d'une prise de notes un peu rébarbative et lâchez les grands chevaux de votre imaginaire. Voici quelques thèmes que vous pouvez explorer pour vous entraîner :

- l'amour sans les mains ;
- rencontres secrètes ;
- changement d'identité ;
- cache-cache érotique à l'hypermarché ;
- rituels tendresse…

Vous pouvez utiliser le remue-méninges pour mettre en commun vos idées, construire un projet ensemble, trouver des solutions à un problème ou prendre des décisions.

72 | *Fusion concertée*

Notre page « enfance » n'est jamais complètement ni définitivement tournée. L'intimité physique que nous entretenons dans notre couple réveille des sensations que nous avons éprouvées lorsque nous étions jeune enfant et des mots résonnent parfois trop fort en nous parce qu'ils réactualisent des blessures que nous pensions cicatrisées. Pour Woody Allen, « quand nous tombons amoureux, nous cherchons à retrouver nos parents à travers la personne que nous aimons ». Mais peut-on exiger de notre partenaire qu'il répare les dommages que nos propres parents nous ont causés ?

Dans ce scénario, vous allez vous essayer au jeu, fort prisé des enfants, de papa-maman, mais en évitant de rejouer certaines scènes traumatisantes de votre passé. Il s'agit de vous placer l'un et l'autre dans une situation paradoxale où vous allez prendre conscience que votre partenaire n'est ni votre père ni votre mère et que vous avez d'autres choses à faire ensemble. Choisissez des situations positives qui font sens dans votre histoire personnelle. Votre partenaire fera le parent, selon vos directives, et vous serez l'enfant. Vous inverserez les rôles un autre jour. Voici quelques pistes que vous pouvez explorer :

- la maman qui allaite son bébé en le caressant ;
- le papa qui fait les gros yeux, qui vous emmène chez le glacier ou qui joue à vous faire sauter sur ses genoux ;
- la petite histoire racontée pour trouver le sommeil ;
- la toilette donnée par le parent ;
- la confection guidée d'une pâtisserie ou d'un objet quelconque.

De temps à autre, pendant une trentaine de minutes, offrez-vous quelques bonnes bouffées fusionnelles qui vous rapprocheront. Cela n'a jamais tué personne et c'est bon pour le moral. Du reste, il vaut mieux faire le bébé en connaissance de cause, plutôt que de passer l'essentiel de son existence sans prendre conscience que l'on se fait materner par son partenaire.

73 *Pris aux mots*

Voici un petit jeu tout simple qui vous aidera à renforcer votre complicité et votre désir de communiquer intuitivement tous les deux. Vous pouvez vous y exercer le soir, sous la couette, avant de vous endormir, en vous chuchotant les mots dans le creux de l'oreille. C'est très doux, vous aimerez beaucoup…

La règle est la suivante : il s'agit d'inventer une histoire, sans syntaxe, en n'utilisant que des substantifs. Veillez à ne pas vous contenter de juxtaposer des mots sans queue ni tête. Le premier lance le jeu en proposant oralement un mot. L'autre ajoute à son tour un mot nouveau qui doit s'inscrire dans la logique du premier et ainsi de suite, jusqu'à ce que l'histoire s'achève ou que Cupidon ou Morphée ne vous étreignent.

Vous avez la possibilité, avant le début du jeu, de décider d'une dominante romantique, drôle, érotique ou autre, pour votre récit à deux voix et de limiter votre histoire à un certain nombre de mots. N'hésitez pas à faire preuve de la plus grande créativité et n'ayez aucun scrupule à proposer des mots qui piègent tendrement votre partenaire. Pourquoi ne pas également joindre la caresse à la parole. Les deux vont si bien ensemble !

Exemple d'histoire coquine en vingt mots :

Nuit - autoroute - été - vacances - désir - regard - étincelle - complice - arrêt - parking - urgence - camionneur - voyeur - journaux - pare-brise - frein à main - déblocage - pente - arbre - bravo.

Petits papiers | 74

Vous plairait-il d'être particulièrement doux, sexy, prévenant, amoureux ou caressant, tous les soirs, de vingt et une heures à vingt et une heures trente, pendant une semaine? Faites le petit jeu suivant, particulièrement recommandé pour les couples qui ronronnent.

Inscrivez, ensemble, sur des morceaux de papier, des adjectifs ou des participes qui renvoient aux thèmes de l'amour, de la tendresse, de la sexualité… Pliez ces feuillets et déposez-les dans un bocal que vous rangerez dans un endroit secret. Voici comment vous allez procéder. Tous les dimanches, tirez au sort un petit papier. Il s'agit, pour celui qui s'y colle, d'être particulièrement «ce qui est écrit sur le papier», tous les jours, à une heure prévue par vous et pendant trente minutes. Une semaine, c'est vous qui pigez, la semaine suivante, c'est l'autre. Jetez, à mesure, les papiers utilisés à la corbeille.

Composez librement, autour de cet exercice, en fonction de votre disponibilité et de vos goûts personnels. Vous pouvez, par exemple, changer d'adjectif plus souvent ou vous cantonner à des jeux érotiques. Faites comme bon vous semble… Quoi qu'il en soit, nous pouvons vous promettre que vous allez rire et, très certainement, vous surprendre !

RIRE ENSEMBLE

N'oubliez jamais ce précepte emprunté à Milton Erikson : «Plus on met d'humour dans sa vie, mieux on se porte.» Mais combien de fois avons-nous l'occasion de rire ou même simplement de sourire, dans une journée? Nous vous accordons que le monde n'est pas particulièrement hilarant et que nous passons une bonne partie de notre temps à nous livrer à des activités sérieuses et raisonnables pour préserver notre statut. Il est d'ailleurs probable que si nous n'allons parfois pas bien, c'est parce que nous avons égaré notre capacité à nous dérider et à faire les pitres. Pourtant...

Le rire rend heureux. Il permet d'évacuer le stress du quotidien et rend l'atmosphère moins pesante. Véritable instrument de guérison pour le couple, si nous négligeons son importance sans doute passons-nous à côté d'un puissant philtre amoureux. Pour nous, cela ne fait nul doute : rire ensemble est une saine façon de s'aimer. C'est la raison pour laquelle nous vous proposons dans ce chapitre une grosse poignée de jeux drôles pour faire les fous et garder le sens de la fête!

Synchronisation

75

Voici un numéro comique qui nécessite une bonne dose de complicité et qui étonnera tous vos amis, une fois que vous l'aurez mis au point. Entraînez-vous devant un miroir suffisamment haut pour que vous puissiez vous voir de pied en cap.

Le plus grand de vous deux se placera devant et assurera le son et les mimiques. L'autre glissera ses bras sous les aisselles du premier pour prendre en charge l'image et la gestuelle, avec ses bras et ses mains.

Deux modalités sont possibles. Ou bien celui qui occupe le devant de la scène invente une histoire que l'autre accompagne de gestes très accentués, ou bien c'est ce dernier qui mime un scénario sur lequel l'autre va improviser verbalement. À vous de voir…

Vous pouvez également expérimenter ce mime en interprétant un play-back. Essayez, par exemple, avec la chanson *J'ai encore rêvé d'elle* du groupe français Il était une fois. Hilarant !

76

T'as de beaux yeux, tu sais !

Vous souhaitez explorer une nouvelle rencontre amoureuse avec votre partenaire ? Nous vous livrons de quoi satisfaire votre appétit…

Dans le film *Quai des brumes* tourné par le réalisateur français Marcel Carné en 1938, un soldat déserteur, Jean (Jean Gabin), connaît un grand amour avec Nelly (Michèle Morgan), une jeune orpheline. Nous vous proposons de rejouer, avec votre partenaire, la scène-culte du film. Elle se passe dans une fête foraine. Nelly et Jean se déclarent leur amour.

Mémorisez ce texte, cela ne vous prendra que quelques minutes, choisissez l'endroit approprié, mettez-vous dans la peau des personnages, et improvisez !

Jean : T'es bien, avec moi ?

Nelly : Vous pouvez pas savoir comme je suis bien quand je suis avec vous : je respire, je suis vivante. Ça doit être comme ça quand on est heureux !

Jean : (rire) Tout ce que tu dis, ça ne tient pas en l'air ! Tu dirais ça à un autre que moi, je trouverais ça idiot, mais que tu me dises ça à moi, c'est marrant, ça me fait plaisir !

Nelly : …

Jean : T'as de beaux yeux, tu sais !

Nelly : Embrassez-moi !

Jean : …

Ils s'embrassent.

Vous pouvez utiliser ce jeu pour de tendres retrouvailles ou, en cas de désaccord, pour engager vos échanges dans des voies pacifiques. À vous de voir si cette pratique correspond aux besoins de votre couple.

Si ce style de mise en scène vous ravit, n'hésitez pas à pirater les scènes d'amour du cinéma ou de la littérature. Pour notre part, nous trouvons cela plutôt sympathique et nullement symptomatique d'un manque d'imagination comme pourraient le prétendre certains esprits chagrins. Un peu d'humour fait chanter la vie.

77 *Rencontres express*

Lancée aux États-Unis par un rabbin new-yorkais qui souhaitait développer les contacts entre les jeunes citadins, la vogue des soirées relationnelles pour célibataires a franchi les frontières. Le principe est le suivant : vous disposez d'un temps imparti, en général sept minutes, pour faire bonne impression et tenter de séduire la personne qui est en face de vous, si vous sentez que le courant passe. Nous reprenons l'esprit de ces fast-foods de la rencontre à notre compte pour vous proposer un petit exercice d'improvisation particulièrement drôle et régénérateur.

Vous allez composer, chacun de votre côté, trois personnages différents qu'il vous plaît de mettre en scène et noter leur nom ou un mot-clé permettant de les identifier sur un morceau de papier (un personnage par morceau de papier). Prenez le temps de caractériser vos personnages : donnez-leur une profession, inventez-leur des qualités, des défauts, une histoire. Déposez ensuite, l'un et l'autre, les morceaux de papier dans deux contenants distincts. Préparez un chronomètre, deux feuilles de papier et de quoi écrire. La règle est la suivante : vous allez composer une suite de tableaux vivants par séquences de sept minutes. Chaque fois, tirez au sort l'un des personnages que vous avez composés et partez à la rencontre de celui que votre partenaire aura tiré de son côté. Improvisez leurs échanges pendant sept minutes précises. À l'issue de la rencontre, notez très brièvement vos appréciations. Détendez-vous quelques instants et passez aux personnages suivants.

Changer rapidement de rôle sans perdre en cohérence est un exercice qui exige une attention soutenue. Dans un premier temps, vous pouvez vous limiter à un ou deux personnages par soirée. Utilisez des déguisements si cela peut vous aider. Au début, pratiquez ce jeu chez vous ; expérimentez-le ensuite dans un salon de thé ou dans un jardin public. C'est très euphorisant.

78 Si ça vous chante !

Choisissez une chanson que vous connaissez bien et qui vous enchante l'un et l'autre. Ce peut être une berceuse, un refrain populaire ou une chanson d'amour; cela n'a aucune espèce d'importance. Vous devez juste bien connaître cette chanson tous les deux.

Décidez qui va commencer: celui qui commence donne le ton en chantant la première phrase musicale de la chanson. Par exemple, si vous choisissiez *À la claire fontaine,* il chanterait: «À la claire fontaine.» L'autre chante ensuite la phrase suivante, sans temps mort et sur le même ton: «m'en allant promener.» Le premier chante la troisième phrase: «j'ai trouvé l'eau si belle», et ainsi de suite jusqu'à la fin de la chanson.

Plus difficile encore! Lorsque vous aurez acquis une bonne maîtrise de l'exercice précédent, vous pourrez vous exercer au même travail avec les syllabes. Chacun chante alors successivement une syllabe de la chanson: «à-la-clai-re-fon-tai-ne-m'en-nal-lant-pro-me-ner...» Évitez de hacher la chanson. Enregistrez-vous pour évaluer votre performance. À l'écoute, on doit avoir une impression de fluidité.

Ce petit jeu, pas si évident qu'il n'y paraît à première vue, est utilisé dans la formation des acteurs. Il renforce l'écoute et l'entente spontanée et permet de s'amuser beaucoup en voiture ou au cours d'une marche amoureuse, la main dans la main.

Doublage sonore | 79

Aimez-vous improviser?

Outre qu'il prête à la drôlerie, le jeu de la postsynchronisation vous permettra d'affiner votre perception des indices de la communication non verbale, de développer votre sens de l'à-propos et d'expérimenter des situations nouvelles.

Procurez-vous la copie vidéo d'un film qui évoque, pour l'essentiel, une histoire d'amour, les difficultés conjugales ou le divorce. Vous pouvez également jeter un coup d'œil sur l'horaire télé pour trouver un document qui convienne. *A Story of Us* (traduit en français par *Une vie à deux*), de Bob Reiner est un bon exemple de film dont on peut tirer profit.

L'exercice consiste à remplacer la bande sonore originale par vos propres voix et à improviser les dialogues en fonction de ce que vous voyez à l'écran. Coupez le son de votre téléviseur et lancez-vous dans l'aventure!

Pour conserver un maximum de spontanéité, il est préférable d'éviter de regarder le film avant le jeu. Soyez attentifs aux images, faites preuve de pertinence et écoutez les messages formulés par votre partenaire pour être en parfaite harmonie avec lui.

80

Dans le secret des mots !

Parmi les jeux qui renforcent l'intimité et la complicité dans le couple et qui sont particulièrement drôles, ne manquez pas d'expérimenter celui-ci. Toutefois, vous veillerez à ne pas l'utiliser pour vous moquer des autres. Amusez-vous, mais pas sur le dos de vos pairs !

Le principe est le suivant : convenez, avec votre partenaire, d'un certain nombre d'expressions dont la signification sera connue de vous seuls. Les autres n'y entendront que du feu et vous pourrez même vous dire des choses coquines. Par exemple, « les boutures ont repris » peut signifier « j'ai envie de faire l'amour avec toi » ; « l'embrayage craque en première » : « pas ce soir, j'ai ma migraine ».

Deux précautions s'imposent toutefois. Premièrement, évitez d'utiliser les exemples cités ; d'autres que vous pourraient avoir lu cet ouvrage. Deuxièmement, changez vos expressions régulièrement et mettez-vous à jour l'un et l'autre pour éviter les quiproquos. Au bout d'un certain temps, quand les gens vous auront entendus dire trois cents fois que les boutures avaient repris, ils finiront par se douter de quelque chose !

Savoir se dire | 81

Voici un petit jeu verbal et poétique amusant pour apprendre à se dire des injures ou des mots tendres. Il fonctionne selon le principe de la transposition et permet d'évacuer la colère et d'inventer de nouvelles formules amoureuses.

Exprimer son mécontentement ou sa colère n'est pas en soi une action blâmable. En revanche, utiliser des termes outrageants qui vous discréditent en même temps qu'ils déshumanisent votre partenaire peut s'avérer une conduite plus problématique. Cherchez à froid des injures drôles comme « tarentule à poil court », « vilaine chaussette à moteur » ou « carotte embusquée » et amusez vous à vous les balancer à la figure lorsque les choses vont bien. Lorsque vous serez très fâchés l'un contre l'autre, reprenez obligatoirement ces expressions. Vous constaterez que la tension tombe très vite.

Les « canards en sucre » et autres « trésors adorés » ont fait leur temps. Cherchez donc des associations plus loufoques du style « mon cobra aux yeux de braise » ou « ma pintade en tire éponge ». Au besoin, aidez-vous d'un dictionnaire ou consultez les formules du Capitaine Haddock. Et faites preuve d'inventivité, ensemble.

82
Du tac au tac

Ce jeu est assez couramment utilisé comme exercice d'échauffement par les acteurs de la Ligue d'improvisation. Il nécessite une agilité mentale et des capacités d'adaptation très rapides.

L'un de vous deux est désigné pour jouer le rôle du gardien de but : il va devoir intercepter du tac au tac les répliques qui lui sont adressées sans interruption par son partenaire, en formulant instantanément une réponse adaptée. Mais attention, d'un côté comme de l'autre, il s'agit d'entrer dans la peau des deux personnages qui sont censés échanger ensemble. Faites varier les registres au maximum et n'hésitez pas à forcer le trait et les accents distinctifs. Vous pouvez choisir de jouer en toute liberté ou vous imposer un thème, comme dans la suite ironique ci-après qui est consacrée à la vie quotidienne du couple.

– J'enlève mon pyjama ? (D'un air entendu)
– Et tu le jettes au linge sale… (Avec autorité)
– Tu as failli écraser cette vieille femme. (Sur un ton de reproche)
– Une chance pour ta voiture ! (Sarcastique)
– C'est-y toi qu'a trait la Rosette ? (Avec l'accent campagnard)
– Elle va de mal en pis !
– Je t'aimais… (Résigné)
– Je détestais tes brocolis-vapeur.

L'exercice est assez rapidement épuisant. Au bout de quelques minutes de jeu, accordez-vous un temps de repos et échangez-vous les rôles du joueur et du gardien. Évitez en tout cas de jouer vos propres personnages : pour que le jeu vous éclaire sans vous aveugler, vous ne devez pas avoir la lumière en pleine figure !

LIRE ENTRE LES LIGNES

La complicité et la perception intuitive font partie des petits secrets du bonheur à deux. Ne vous est-il jamais arrivé, par exemple, de songer à la même chose que votre partenaire, au même moment, comme si vous aviez expérimenté, bien malgré vous, la transmission de pensée? Dans la plupart des couples, on retrouve ces instants magiques où l'on se sent en harmonie totale avec l'autre, en mesure d'échanger des réflexions, des images ou des sensations, autrement que par des mots. L'information passe par des regards ou des signes qui échappent à l'attention, mais que l'on capte de la même manière et qui entraînent des processus mentaux similaires chez les deux.

Nous vous proposons ici, avec humour, de mettre à contribution votre sixième sens pour communiquer de manière non conformiste l'un avec l'autre: divination, magie blanche, exercices de clairvoyance et de perception extrasensorielle... Certains de nos jeux peuvent prêter à sourire, mais vous remarquerez, à l'usage, que leur dimension symbolique en fait de réels outils de changement. Entraînez-vous de temps à autre. Il est probable que vous disposez, ensemble, de pouvoirs qui vont réellement vous surprendre.

Divination

La cartomancie ou révélation par les cartes est une tradition très ancienne qui va vous servir à présent de support pour vous annoncer des choses gentilles. Nous insistons sur ce dernier qualificatif. Peu importe que vous croyiez ou non à la valeur des prédictions ou des jeux divinatoires. Le but de ce divertissement n'est pas d'établir des pronostics, mais de vous adresser l'un à l'autre des messages symboliques d'amour et de compréhension.

Soignez le décor et la mise en scène. Allumez, par exemple, une bougie et un bâton d'encens pour respecter le folklore. Vous utiliserez un jeu de cartes de trente-deux cartes pour la lecture. Demandez à votre partenaire de battre les cartes et de couper le paquet de la main gauche. C'est important. Sélectionnez les treize premières cartes et étalez-les en éventail, de gauche à droite.

Interprétez le jeu en vous appuyant sur la correspondance symbolique suivante :

- cœur : l'amour, la passion ;
- carreau : le travail, l'action ;
- pique : l'énergie mise en œuvre pour la réalisation du travail ou de l'action ;
- trèfle : les effets, les avantages ou les bénéfices tirés de l'action.

Pour le reste, laissez-vous guider par la hauteur des cartes et par votre intuition. Vous proscrirez naturellement les messages qui tendraient à manipuler l'autre et les sous-entendus critiques qui ne sont pas compatibles avec le langage de l'amour.

84

Perception extrasensorielle

A noir, E blanc, I rouge, U vert, O bleu, les vocalises colorées du jeune Arthur vont servir de support à cette expérience extrasensorielle dont les résultats vous surprendront très probablement. L'un de vous deux jouera le rôle de l'expérimentateur, l'autre celui du lecteur de pensée. L'expérimentateur choisit mentalement une voyelle et la visualise en couleur, comme si elle était projetée sur un écran, devant ses yeux. Il concentre son attention sur cette lettre, avec la volonté de la communiquer, *par la pensée*, à son partenaire. L'autre doit s'efforcer de deviner de quelle lettre il s'agit. Pas facile, n'est-ce pas ?

Reproduisez cinq fois l'exercice. Ensuite, inversez les rôles de l'expérimentateur et du lecteur de pensée et faites le total de vos points. Quelle note sur 10 votre couple obtient-il ? Ce jeu peut vous déconcerter dans un premier temps et donner des résultats médiocres, mais avec de l'entraînement, vous arriverez à des succès renversants.

Cet exercice appartient au registre de la communication extrasensorielle. Lorsque nous ne nous sentons pas capables de nous prononcer, par manque d'informations fiables, nous avons inconsciemment recours à des indices imperceptibles pour prélever des renseignements. Plus nous avons une connaissance fine et intuitive de notre partenaire mieux nous réussissons ce type d'expérience.

Magie blanche | 85

Une valeur, c'est un principe auquel nous sommes plus ou moins fortement attachés, une conception ou un jugement qui ont un sens et qui présentent un intérêt pour nous. Nos valeurs influencent notre vie, car elles nous permettent de nous forger des attitudes et de justifier nos actes.

Pouvez-vous, chacun de votre côté, examiner à la loupe les valeurs de votre partenaire et noter sur une feuille de papier en quoi elles sont inférieures, plus simplistes, moins intéressantes que les vôtres. Prenez le temps qu'il faudra pour faire ce travail. N'échangez pas vos feuilles et ne communiquez pas pendant la durée de l'exercice.

Lorsque vous aurez terminé, procédez au rituel suivant: installez-vous face à face, à une table au centre de laquelle vous aurez placé une cuvette d'eau froide. Roulez chacun votre feuille, face manuscrite à l'intérieur, pour confectionner un petit cylindre de papier. Portez, ensemble et au même instant, ces rouleaux sur la flamme de la bougie, pour y mettre le feu, et laissez-les brûler au-dessus de la cuvette d'eau en vous regardant sereinement dans les yeux.

Celui dont la feuille aura fait long feu prendra l'initiative d'un geste très doux, de son choix, à l'adresse de son partenaire. Videz la cuvette d'eau et de cendres dans les toilettes, actionnez la chasse d'eau et étreignez-vous pendant une durée qui ne sera pas inférieure à deux minutes. Nous tenons à nos valeurs personnelles, mais celles de notre partenaire sont aussi valables. Tel est le sens de cet exercice.

86
Clairvoyance

Dans ce jeu, qui va vous permettre d'évaluer votre perception de l'autre sans faire usage de la vue, vous aurez besoin d'avoir les yeux bandés. Placez-vous face à votre partenaire, à une distance maximum de trois mètres, l'un et l'autre assis ou debout – peu importe – et fixez votre regard sur lui en gardant votre sérieux. Lorsque vous vous sentirez prêt, couvrez vos yeux d'un foulard. Votre partenaire va effectuer un geste pour modifier quelque chose dans son attitude ou dans sa posture ; vous devrez deviner lequel ! Pas facile, n'est-ce pas ?

Pour réussir, vous devez visualiser mentalement l'image de votre partenaire et tenter d'identifier tous les indices, aussi ténus soient-ils, qui sont susceptibles de vous mettre sur la voie. Concentrez-vous longuement et donnez votre réponse. Vous avez mis dans le mille ? Quel talent ! Vous échouez régulièrement ? N'ayez aucune inquiétude. Certaines personnes sont plus douées que d'autres, et nous n'avons aucune explication rationnelle à cela.

Nubamancie

Étymologiquement, la racine latine *nuba* signifie nue, nuages. La nubamancie est donc la technique divinatoire grâce à laquelle on peut faire des prédictions en observant la forme et la course des nuages. Utilisez ce support de voyance poétique, ensemble, en vous allongeant, dos au sol. Prévoyez une couverture si la terre est gelée.

Interprétez d'abord librement les nuages qui défilent devant vos yeux. À quoi ressemblent-ils? À des animaux, des personnages, des arbres, à l'océan? Selon vous, quels messages secrets vous adressent-ils? Prêtez attention aux perceptions et aux chimères de votre partenaire et aimez-les. Vous pouvez ensuite choisir un nuage qui symbolisera votre couple et contempler sa trajectoire. Vers quels autres nuages se dirige-t-il? Qu'est-ce que cela signifie pour vous? Laissez galoper votre imagination. Outre qu'il ne présente aucun danger, ce jeu vous offre l'occasion de rêver ensemble. Ce qui n'est pas rien!

88
Magasinage

Voici un jeu passionnant et d'une très grande richesse pour comprendre comment nous fonctionnons l'un par rapport à l'autre. Prévoyez une demi-journée. Choisissez, dans une très grande ville, un très grand magasin dans lequel vous n'avez jamais mis les pieds. Vous allez délibérément vous perdre dans les allées et les étages de ce commerce et tenter de vous retrouver, le plus rapidement possible, sans aucun moyen de communication directe, en vous fondant uniquement sur votre intuition. Tirez au sort le premier qui pénétrera à l'intérieur du lieu et donnez-vous dix minutes de battement avant de partir à la recherche l'un de l'autre. Vous éviterez naturellement de vous poster à l'entrée du magasin. Jouez le jeu et ne passez aucune entente avant le début de la partie. Le but est de se perdre, puis de se retrouver, en élaborant des stratégies. Soyez attentifs à celles que vous privilégierez, chacun de votre côté. À l'heure de la fermeture, si vous n'avez pas réussi à vous rejoindre, regagnez la case départ, là où vous avez commencé le jeu.

Cet exercice est éclairant. Oserez-vous le pratiquer ?

Il nous enseigne que nous ne pouvons pas faire un choix sur la base d'un jugement exclusivement personnel, mais que nous devons prévoir la straté-gie de l'autre, qui s'interroge lui-même sur notre propre démarche pour trouver des solutions. Quand vous vous retrouverez, étreignez-vous tendre-ment. Vous pourrez prévoir un temps d'échange dans un endroit calme, pour comprendre comment vous avez fonctionné, mais ne faites aucun reproche ni aucune critique à l'autre ou à vous-même.

GOÛTER SES CARESSES

Il existe quantité d'ouvrages sur l'art des caresses, dans lesquels vous pourrez puiser de quoi vous combler sur ce plan. Les caresses occupent une place prépondérante dans le jeu du désir et disposent d'un pouvoir sensuel à nul autre pareil. Elles font le bonheur de la personne qui les donne autant que celui de celle qui les reçoit et constituent les clés d'une intimité émotive de premier ordre. Les caresses nous délassent, attisent notre désir ou sont insupportables, mais elles ne nous laissent jamais indifférents.

Sensation de chaleur, langueur, frémissements, ondulations, en interrogeant notre peau, elles titillent une partie de notre cerveau reptilien, là où se logent nos émotions les plus primitives. Enfin, elles renforcent notre confiance en nous-même et en l'autre. Les caresses sont une nourriture sacrée pour l'âme et le corps. Dans ce chapitre, nous vous proposons quelques idées poétiques ou coquines pour étendre la gamme de vos douces caresses. Mais, une fois encore, n'hésitez pas à faire preuve d'inventivité dans cet univers merveilleux que constituent les caresses.

89

Les quatre
éléments

Lors de vos jeux de caresses, expérimentez avec le corps de votre partenaire les quatre éléments, soit la terre, l'eau, l'air et le feu.

Il est l'argile et vous êtes le sculpteur qui va réchauffer cette matière informe, caresser, mouiller, pétrir, pour lui donner la vie.

Il est la fontaine d'eau claire au-dessus de laquelle vous vous penchez après une longue marche au soleil.

Vous êtes la brise légère et vous balayez doucement ses plaines et ses vallons, avant de vous déchaîner en rafales. Vous pouvez consommer un sorbet pour rafraîchir votre souffle, juste avant le jeu.

Vous êtes un fétu de paille et vous vous laissez délicieusement prendre au piège de ses flammes tièdes. Cheveux, pulpe des doigts, langue, cils, sexe, votre partenaire vous embrase et vous brûlez de désir pour lui…

Tous les jeux qui utilisent le corps de l'autre comme un terrain de découverte réveillent notre imagination et nous permettent d'échapper aux caresses convenues ou répétitives.

90

Caresser ton paysage

Voici un jeu exploratoire et poétique particulièrement sensuel qui nécessite une bonne dose de délicatesse et un tant soit peu d'expertise et de capacité à improviser. Votre partenaire est allongé sur un lit ou un sofa, les yeux fermés ou bandés. Il doit être parfaitement détendu. Pour pratiquer cet exercice, l'idéal est qu'il soit nu, mais si cela lui pose un problème, il peut conserver un sous-vêtement pour une première expérience. Mettez une musique relaxante, en sourdine, et prévoyez une lumière douce. La pièce doit être correctement chauffée.

Regardez en silence votre partenaire et sachez apprécier ce qu'il y a de beau et d'émouvant en lui. Ensuite, vous agirez sans précipitation et avec raffinement. Vous allez imaginer que le corps de votre partenaire est un paysage, avec ses vallées, ses collines, ses plaines, ses torrents, ses gorges, ses bois, ses broussailles…

Visitez le corps de l'autre en le caressant du bout des doigts et décrivez les paysages parcourus. Extasiez-vous devant la beauté des lieux, la grâce des lignes, la chaleur des creux. Si vous êtes très inspiré, imaginez un conte et mettez en scène des personnages minuscules en croisade dans cette contrée. Vous pouvez glisser, chatouiller, effleurer, griffonner, presser, déguster. Utilisez également la chaleur de votre souffle et vos lèvres, le battement de vos cils et la caresse de vos cheveux.

Ne négligez pas le visage et les pieds de votre partenaire qui sont des endroits très sensibles aux caresses et ne faites pas de son sexe un passage obligé.

Notre goût pour les caresses dénote de notre animalité et il est probable que nous gardons plus fermement ancrés en nous-même ces souvenirs charnels que le souvenir du coït lui-même.

91

Caresses verbales

À l'instar des attouchements tendres ou sensuels, les mots peuvent aussi devenir des caresses particulièrement exaltantes. Pour peu que l'esprit de celui qui les entend s'autorise le vagabondage. Vous pouvez pratiquer ce jeu nus, si cela vous chante, pour offrir pleinement votre corps au regard de l'autre, ou conserver vos vêtements pour entretenir le mystère…

« Qu'est-ce que tu aimes en moi ? » sera la question à laquelle votre partenaire devra répondre par des mots doux, voluptueux ou suggestifs en s'intéressant à votre peau, aux détails de votre visage, à votre odeur, à vos cheveux, etc. Laissez-le vous caresser verbalement en accordant une foi totale à ses paroles. La règle est qu'il ne vous touche pas physiquement pendant toute la durée du jeu.

Sentez-vous le désir monter en vous ?

Votre partenaire peut accroître votre excitation en poussant le fantasme jusqu'à vous faire jouir sans vous toucher. Dans cette aventure, laissez-vous guider par lui en faisant fi de vos verrous intérieurs et des règles établies. Aimer est un acte créatif, ne l'oubliez pas !

En avant la musique !

Harpe, violoncelle, olifant ou conga, le corps nu de votre partenaire est un instrument de musique. Saurez-vous en jouer et l'aider à trouver de quel instrument il s'agit? Veillez à ne pas répéter indéfiniment la même rengaine, variez le rythme et le toucher. Soyez doux, harmonieux, enjoué, inventif, polisson ou, au contraire, lancez-vous dans une improvisation au rythme endiablé, avec toute la fougue qui vous caractérise. Bref, utilisez toutes les possibilités de votre instrument sans souci de rigueur.

Votre partenaire est-il parvenu à identifier l'objet qu'il incarne? Oui? Bravo! Votre doigté est étonnant et vous avez vraiment le sens de la mélodie. Pourquoi ne pas reprendre les dernières mesures, pour le plaisir?

Certes, la musique adoucit les mœurs. Mais vous pouvez aussi vous amuser à écrire des mots sur le corps de votre partenaire à des endroits que vous choisirez. Tracez ces mots avec un doigt, l'extrémité d'une plume ou un petit morceau de bois. Saura-t-il lire entre les lignes?

93 *Sans les mains*

Il serait dommage de classer ce livre dans votre bibliothèque sans avoir expérimenté le petit jeu suivant. Il nécessite une douche ou une baignoire assez grande pour accueillir deux personnes : votre partenaire et vous-même, et un peu d'habileté. La règle est des plus élémentaires, puisqu'il s'agit de vous laver mutuellement sans utiliser vos mains. Prévoyez un gel moussant ou du savon liquide et jetez-vous à l'eau !

Servez-vous de votre corps, de vos jambes, de vos fesses, de vos épaules, de vos cheveux, de votre bouche pour savonner votre partenaire qui fera ensuite la même chose pour vous. L'exercice est plutôt simple et vous serez remboursé du prix de vos efforts par les sensations nouvelles qu'il éveillera en vous. Vous pourrez vous presser sous la douche chaude, vous frotter l'un contre l'autre pour éprouver la douce sensation de vos épidermes qui se touchent. L'expérience ne manque pas de sel.

Libre à vous de retrouver ensuite l'usage de vos mains, de shampouiner votre partenaire et de concevoir d'autres jeux avec les mille et un trésors que recèle une salle de bains. Après séchage, vous pouvez par exemple vous amuser à promener le souffle tiède d'un sèche-cheveux sur la peau de votre chéri, le coiffer, etc. Inventez !

Étreinte
aveugle

Une prairie est un endroit approprié pour faire cet exercice, mais vous pouvez aussi le faire chez vous. Dans ce cas, installez-vous dans la pièce la plus vaste et poussez les meubles anguleux de côté pour éviter de vous meurtrir les jambes. Placez-vous ensemble, au centre de l'espace, et enlacez-vous pendant une trentaine de secondes. Ensuite, fermez les yeux, relâchez votre étreinte et reculez tous les deux d'une demi-douzaine de pas en prenant garde de ne pas heurter violemment le mur qui se trouve dans votre dos, si vous êtes à l'intérieur. Avec un peu d'expérience, vous pourrez facilement doubler votre distance d'éloignement. Gardez le silence… Et les yeux fermés. Il s'agit maintenant de parvenir à vous rejoindre, à tâtons, pour vous embrasser à nouveau. Amusant, non?

Vous pouvez pratiquer ce petit divertissement nus. Ce qui est beaucoup plus charnel et doux, sauf, naturellement, si vous jouez en plein jour, dans un jardin public!

FAIRE L'AMOUR

Dans un précédent ouvrage[*], nous avons souligné combien les aspects corporels et sexuels faisaient partie intégrante de la synergie du couple. Apprendre à s'exprimer dans la sexualité, notamment en utilisant le jeu pour la dédramatiser, constitue un ressort important de l'amour et de la complicité. Mais pour de multiples raisons, qui tiennent notamment aux images que nous nous forgeons de nous-même et de notre partenaire, notre libido rétrécit fréquemment au lavage du temps.

En plus de cela, dans nos sociétés occidentales, la culture marchande de la pornographie nous abreuve de clichés, de standards et de normes dont la poésie est inversement proportionnelle au manque d'originalité. Entre nous, quelle importance que votre sexe mesure cinq centimètres de moins que la moyenne, que vos bras soient trop longs pour la brouette chinoise ou votre partenaire trop lourd pour grimper au lustre? N'avez-vous pas envie de faire confiance à l'amour et de vous amuser vraiment sans vous mettre martel en tête?

Après un rapide bilan, ce chapitre vous propose quelques activités ludiques simples pour retrouver ou entretenir le désir et la volupté dans votre couple. Mais nous ne doutons pas un instant qu'avec un brin d'imagination – tout le monde en a! – vous puissiez inventer bien d'autres divertissements. Il n'y a que le premier pas qui coûte…

---

[*] *36 jeux drôles pour pimenter votre vie amoureuse*, Montréal, Les Éditions de l'Homme, 2002.

Le petit
au cirque

95

Lequel de vous deux prend, en général, l'initiative d'engager l'acte sexuel ? Votre partenaire ? Vous-même ? Est-ce plutôt variable ? Avez-vous institué un rituel pour décider qui prendra les choses en main ? Par exemple, lui, les jours de pluie ou de neige, vous, les jours de beau temps ?

Utilisez-vous une formule particulière, un mot de passe, pour vous signifier mutuellement votre désir de faire l'amour, par exemple : «j'ai envie d'emmener le petit au cirque» ou «le serpent veut-il jouer à cache-cache dans la grotte ? »

Pendant l'amour, êtes-vous du genre grand soleil ou lumière allumée ? Préférez-vous la pénombre ou le noir complet ? Cela vous convient-il à tous les deux ?

Quels sont vos lieux de prédilection ? Le lit de la chambre à coucher, la table du salon, le placard à balais, la salle de bains, l'établi dans le garage, l'arbre du jardin… ? Êtes-vous satisfaits, l'un et l'autre, de ces lieux ou bien éprouvez-vous le désir de changer ?

Vous arrive-t-il de parler, de crier, de rire ou de chanter, pendant vos parties de jambes en l'air ou êtes-vous plutôt du style retenu ? Savez-vous demander ce qui vous enchante et dire ce qui ne vous plaît pas, en matière de sexualité ?

Enfin, pouvez-vous nous citer sept façons différentes de faire l'amour ?

Sur une feuille, faites la liste dans un ordre quelconque, chacun de votre côté. Échangez ensuite ces documents et demandez à votre partenaire de ranger vos propositions, par ordre de préférence, en les numérotant de un à sept. Vous ferez de même avec les siennes. Êtes-vous l'un et l'autre surpris par vos réponses ? Pourriez-vous envisager de vous inspirer de cet exercice pour pimenter votre vie amoureuse ?

Qui commence ?

Aller vers l'autre pour engager la rencontre physique et l'acte amoureux est une initiative qui cause parfois de sérieuses difficultés dans les couples. Peur d'offenser son partenaire ou, au contraire, volonté de lui imposer un acte qu'il ne souhaite pas, attente passive que l'autre fasse le premier pas, crainte de passer pour un obsédé sexuel, désir de soumettre l'autre ou de le dévaloriser, de jouer les victimes ou de faire du chantage sexuel…

La sexualité peut constituer un sujet de mésentente dans les couples et révéler une crise dont les racines sont parfois plus profondes. Mais en dehors de ces situations difficiles, comment savoir si l'autre a envie de faire l'amour?

Outre que vous détenez chacun la responsabilité de séduire votre partenaire pour obtenir son assentiment, d'improviser et d'essuyer éventuellement un refus, vous pouvez également convenir d'un code pour vous mettre d'accord, sans avoir à formuler vos désirs et votre demande de manière explicite.

Utilisez des signaux simples et discrets. Par exemple, si la brosse à dents est placée à l'envers dans le verre à eau de la salle de bains, c'est « non chéri, pas ce soir ». Si le tiroir de la commode n'est pas complètement fermé, cela signifie: « Je ne dis pas non, mais il va falloir que tu y mettes du tien. » Et si le cadre de la chambre est légèrement de travers: « J'ai follement envie de toi, vite mon amour, je défaille! » Ces formules ont le mérite d'être simples et de ne pas laisser planer d'ambiguïtés ni de malentendus. Après tout, faire l'amour avec la personne que l'on aime est naturel et ne nécessite pas une conférence au sommet!

97 | *La tortue*

Ce que la tortue redoute le plus, c'est d'être retournée sur le dos. Cette perspective lui ronge les sangs parce qu'elle perd alors toute possibilité de mettre pied à terre et risque de cuire au soleil, dans sa carapace.

Dans ce jeu de corps à corps, l'un de vous deux va incarner le rôle de la tortue qui se démène de toute son énergie pour éviter d'être renversée. L'autre jouera le vilain garnement qui veut faire tout son possible pour la mettre à l'envers !

Attention, veillez à ne pas faire preuve de violence ou de brutalité, sauf, bien entendu, si de telles pratiques sont consenties par vous deux avant le début du jeu. Choisissez un endroit suffisamment doux, mousse, moquette, tatami ou prairie, pour éviter de vous cogner de façon trop brutale et rassurez d'éventuels spectateurs sur vos intentions.

Lorsqu'elle aura cédé, contre mauvaise fortune bon cœur, la tortue peut être déshabillée et dégustée, séance tenante. Il vous revient d'imaginer la suite !

Première fois

Imaginez la situation suivante… Votre chéri qui a reçu une éducation austère et qui a un tempérament pudibond est parfaitement vierge et il n'a aucune idée de ce qu'est l'amour physique. Vous l'asticotez vainement, depuis plusieurs semaines, pour obtenir qu'il vous cède et voilà qu'il se décide enfin. Il accepte, en toute confiance, de se livrer à vos mains expertes et de suivre votre enseignement à la lettre. Saurez-vous vous montrer un professeur délicat, compréhensif et attentionné ? C'est ce que nous allons voir !

Nous n'avons qu'un seul conseil à vous donner: prenez-vous au jeu. Livrez-vous à ce simulacre de défloration sans *a priori* ni culpabilité, mais pour votre plus grand plaisir à tous les deux. Vous ne faites rien de mal et il est encore – Dieu merci – permis de s'amuser. Savourez l'émotion que procure la perspective de ce jeu et choisissez un lieu qui ravira votre partenaire : chambre d'hôtel, cabane de pêcheur ou passage souterrain. Fixez-lui rendez-vous et soignez, l'un et l'autre, votre apparence physique. Créez une ambiance feutrée, prévoyez des accessoires, si nécessaire, et montrez-vous rassurant. Ensuite, ne brûlez pas les étapes. Procédez avec la plus grande douceur, comme s'il s'agissait réellement de sa première fois. Voilà le décor… Nous vous laissons le soin d'inventer la suite…

Vous constaterez combien ce jeu, pourtant très simple, est émoustillant !

99
Aphrodisiaque

Lisez le début du scénario qui suit et improvisez, l'un ou l'autre, sur ce thème en vous laissant librement porter par votre imagination. Vous pouvez confier au sort le soin de désigner celui qui prendra l'initiative du rôle. Quoi qu'il en soit, votre talent aidant, l'autre ne devrait pas rester inactif très longtemps !

Toujours très malicieux, votre partenaire vous a administré, à votre insu, un aphrodisiaque dans votre apéritif. Vous allez agir comme si cette substance avait des effets vraiment très, très, très excitants sur vous. Vous pouvez, par exemple vous livrer à un strip-tease torride, débiter des obscénités, effleurer votre partenaire en fermant les yeux et en gémissant, entreprendre de le déshabiller, danser de manière sensuelle, vous caresser en simulant l'extase, etc. Faites comme bon vous chante. Ce qui est important, c'est que vous arriviez à vous mettre dans la peau d'une personne qui a consommé un aphrodisiaque et que vous lâchiez prise en vous abandonnant au jeu. Pour cela, vous devez avoir totalement confiance l'un dans l'autre. Notez au passage qu'il s'agit là de l'une des principales clés pour éprouver les vibrations du désir.

L'air de rien

Dans de nombreux pays, il est légalement interdit de se livrer à des activités érotiques explicites dans des lieux publics non prévus à cet effet. Cela étant dit, rien ne vous empêche de jouer à vous allumer, en toute discrétion et sans choquer personne. L'exercice est particulièrement excitant et stimulant pour la complicité du couple. Nous vous le garantissons. Vous pouvez par exemple :

- Jouer à frotti-frotta, l'air de rien, à l'heure de pointe dans les transports en commun.
- Vous promener partiellement dévêtus ou totalement nus, sous un manteau, et jouer à « cache-cache-m'as-tu-vu ? » dans les rayons du supermarché.
- Utiliser la touche arrêt de l'ascenseur entre deux étages. Ce jeu, fort connu, ne présente aucun risque.
- Partager une cabine d'essayage dans un magasin de prêt-à-porter.

Mais attention : nous ne vous avons rien dit ! Soyez vigilants en toutes circonstances, car la curiosité de monsieur Tout-le-Monde serait funeste pour vos impostures coquines et la police pourrait vous demander de répondre de vos actes devant un tribunal. Nous n'avons jamais expérimenté la chose, mais nous pouvons supposer que cela ne constitue pas une issue particulièrement humoristique.

101 *Ouvertures*

La sexualité est un moyen de communication d'une richesse infinie, et non seulement une affaire de technique ou une activité purement mécanique. Il s'agit avant tout d'un art qui double une fonction instinctive liée à la reproduction. Si vous faites l'amour sans joie, par nécessité hygiénique ou procréatrice et de façon répétitive et monotone, il est probable que la magie n'opérera pas et que vous passerez à côté d'une relation intime épanouie.

Les activités sexuelles ludiques et les jeux de rôle peuvent vous permettre d'abandonner votre personnage social, de laisser votre éducation au vestiaire et d'aller au-devant de la plénitude avec votre partenaire. Testez les possibilités suivantes et vous nous en direz des nouvelles !

- Faites l'amour à votre partenaire comme lui-même a l'habitude de procéder avec vous. Le jeu est éclairant et il constitue un excellent moyen de partager ses sensations et de faire le point sur ce que l'on aime et ce que l'on aime moins.
- Imposez-vous de ne pas faire l'amour en moins d'une heure.
- Enfant, vous avez sans doute utilisé différents jeux pour construire votre personnalité. Retrouvez votre âme d'enfant et inventez des versions coquines du jeu du docteur, du petit chaperon rouge, du chat et de la souris.
- Pour vos ébats amoureux, choisissez un thème, différent chaque fois, autour duquel vous centrerez vos actions. Par exemple, pour une soirée consacrée à la bouche, vous pouvez commencer par un repas exotique, poursuivre par de tendres baisers, puis vous livrer à des activités plus torrides !

TIRER LE RIDEAU

Si vous vous aimez, alors, aimez-vous! Et c'est loin d'être aussi absurde qu'il y paraît de prime abord. Voici pourquoi... En amour, nous disposons tous de ressources naturelles inépuisables et nous avons la capacité d'aimer vraiment la personne avec qui nous vivons. L'amour n'est pas, comme un puits de pétrole, quelque chose qui pourrait s'assécher. Au contraire! Plus on en donne, plus on en produit. Ce qui nous en empêche tient en quelques lignes...

Il y a l'énergie de l'habitude et notre soumission à la loi du moindre effort qui font que notre amour se banalise, alors qu'il est lumineux. À cela s'ajoute notre crainte d'aimer qui nous renvoie à nos expériences passées, à notre manque de confiance en nous-même et à notre peur de l'autre. Nos barrières personnelles restreignent notre perception du monde et nous avons l'horrible manie de les prendre pour argent comptant. Cette attitude est à l'origine de nombreuses failles dans notre relation, parce que nous attribuons, par principe, les erreurs à notre partenaire en négligeant de faire apparaître nos besoins personnels et d'exprimer nos émotions.

En outre, comme le souligne le philosophe Erich Fromm*, l'amour est un art qui n'apporte ni le prestige, ni la fortune, ni l'aisance matérielle, autrement dit, rien parmi ce qui fonde les valeurs fortes des sociétés occidentales. Dans une culture basée sur la vitesse, l'acte impulsif, le narcissisme exacerbé et la satisfaction rapide des besoins, l'amour authentique passe pour un divertissement naïf et non plus comme une clé du bonheur. Quel dommage!

Nous avons la conviction que chaque couple dispose d'une force merveilleuse et qu'il a tous les talents requis pour construire une vie meilleure et ensoleiller sa relation amoureuse. Nous espérons de tout cœur vous avoir redonné le goût d'inventer votre quotidien.

Vous avez aimé ce livre. Vous souhaitez nous poser des questions ou nous faire part de votre expérience personnelle. Une boîte aux lettres Internet est à votre disposition, à l'adresse suivante, pour recueillir vos messages:

courrier@albertinemaurice.com

Soyez assurés que c'est avec le plus grand plaisir que nous prendrons connaissance de vos commentaires. Vous pouvez également nous visiter sur notre site Internet:

www.albertinemaurice.com

---

* FROMM, Erich, *L'art d'aimer*, Paris, Éditions de l'Épi, 1968.

Table des matières

Achevé d'imprimer au Canada
en décembre 2003
sur les presses des Imprimeries Transcontinental Inc.
division Imprimerie Gagné